AI 시대, 강력한 개인이 온다

AI 시대, 강력한 개인이 온다

**AI 시대,
강력한 개인이 온다**

1판 1쇄 인쇄 2025. 12. 22.
1판 1쇄 발행 2026. 1. 5.

지은이 구본권

발행인 박강휘
편집 김태권 | 디자인 유향주 | 마케팅 고은미 | 홍보 강원모
발행처 김영사
등록 1979년 5월 17일(제406-2003-036호)
주소 경기도 파주시 문발로 197(문발동) 우편번호 10881
전화 마케팅부 031)955-3100, 편집부 031)955-3200 | 팩스 031)955-3111

값은 뒤표지에 있습니다.
ISBN 979-11-7332-425-3 03300

홈페이지 www.gimmyoung.com   블로그 blog.naver.com/gybook
인스타그램 instagram.com/gimmyoung   이메일 bestbook@gimmyoung.com

좋은 독자가 좋은 책을 만듭니다.
김영사는 독자 여러분의 의견에 항상 귀 기울이고 있습니다.

AI 시대, 강력한 개인이 온다

언러닝부터 감식안까지, 인공지능 시대의 새로운 문해력

구본권 지음

AI LITERACY

AI LITERACY

AI LITERACY

차례

2022년 11월, 오픈AI의 대화형 인공지능 챗GPT가 등장했다. 이후 쉴 새 없이 쏟아지는 기술 발전 소식과 그에 따라 빠르게 바뀌어가는 풍경들 때문에 정신이 어질어질할 정도다. 보고서 작성, 글쓰기, 그림 그리기, 동영상 제작, 작곡, 프로그램 코딩, 튜링테스트 통과, 수학올림피아드 금메달 등 인공지능은 지금까지 인간 최상의 역량으로 여겨지던 기능들을 하나하나 마스터하고 있다. 지금까지 어떤 기술도 보여주지 못한 다양하고 강력한 기능이지만 사용법은 어떤 기술보다 쉽다. 작동구조나 조작 방법을 학습할 필요조차 없으며, 누구나 말로 지시하면 그만이다. 역사상 가장 빨리 확산된 기술로 불리는 이유다. 대화하듯 말로 작동시킬 수 있는 생성인공지능 서비스의 편리함과 다양한 활용법을 접하게 되면 저절로 경탄이 나온다. 이제 누구나 알라딘의 마술램프처럼 인공지능 도우미를 불러내 사용할 수 있는 시대가 열렸다.

하지만 놀라운 신기술은 모두에게 초조함과 불안감도 안겼다. 인공지능이 가져오는 빠른 변화와 다양한 기능 탓에 사람들의 일자리와 일상생활의 안정성이 흔들리고, 미래가 어느 때보다 불안해진 까닭이다. 하루가 멀다 하고 새로운 인공지능 서비스가 출현하고 있으며, 산업과 경쟁 환경, 투자 지형은 수시로 달라지고 있다. 미래와 성공을 위한 불변의 철칙으로 통하던 기존의 학습 방식과 준비 과정은 '척척박사' 생성 인공지능 앞에서 빠르게 쓸모를 잃어버리고 있다. 사람이 아무리 부지런히 배우고 실력을 갈고닦아도, 인공지능이 순식간에 깔끔하게 출력해내는 결과물의 수준에 도달하는 것은 점점 힘들어지고 있다. 아무리 노력해도 인간의 능력이 이제는 기계에 미치지 못한다고 느끼며, 비관하거나 무기력감에 빠지는 사람들도 생겨나고 있다.

이처럼 변화를 예측하기 어려운 인공지능 시대를 살아가려면 무엇을 준비해야 할까? 인공지능은 도구와 기술의 역사에서 유사한 경우를 찾아볼 수 없는, 매우 이례적이고 특별한 존재다. '도구적 인간(호모 파베르)'이란 말에서 알 수 있듯 사람은 늘 도구를 만들고 사용하며 자신을 강화시켜왔다. 도구와 기술의 사용 능력은 과거에도 개인과 집단의 생존을 판가름하는 잣대였다. 구세계 국가들이 유럽 제국주의 국가들의 침략에 맞서지 못하고 식민지가 된 데에는, 함선과 대포 같은 신무기의 사용 여부가 결정적이었다. 거슬러 올라가면 선사시대에 한 시기를 공존했던 네안데르탈인과 크로마뇽인의 경우에도, 그들의 생존이 엇갈린 배경에는 바느질을 가능하게 했던 귀 달린 바늘의 역할이 있었다. 크로마뇽인은 네안데르탈인보다 덩치도 작고 힘도 약했지만, 동물 뼈를 이용해 털가죽을 꿰맨 옷을 만들어 입고 빙하기의 맹추위를 견디고 살아남아 현생인류가 됐다.[1]

도구가 강력해지고 영향력이 커지면 활용 능력에 따라 개인 간, 집단 간 격차는 확대된다. 대항해시대에 총, 대포 같은 신식 무기로 무장한 스페인 함대는 대서양을 건너 아메리카에 도착해 나무와 돌 등 비금속 무기를 주로 사용하던 잉카문명과 아즈텍문명을 단번에 붕괴시켰다. 18세기 이후 유럽 제국주의 국가들이 아시아, 아프리카, 아메리카 대륙의 국가들을 식민지로 만들 수 있던 배경에는 앞선 무기와 산업기술의 힘이 있었다. 정보가 가장 큰 권력이 되고 있는 현대 사회에 와서는 통신과 정보기술을 활용하는 수준에 따라서 생존과 번영이 좌우되며, 개인 간, 집단 간 격차가 만들어진다.

오늘날 인공지능은 거의 모든 영역에서 기존의 격차를 확대하고 새로운 차이를 만들어내는 도구다. 모두가 이러한 편리하고 강력한 도구를 사용하는 상황이기 때문에 외면하거나 피할 수도 없다. 그러나 어떻게 대응하는 게 현명한 방법인지는 자욱한 안갯속에서 길 찾기처럼 불확실하다. 누구도 이러한 상황을 앞서 경험하지 못한 까닭이기도 하고, 현실에 영향을 주는 요인들이 많아지면서 예측이 거의 불가능해진 탓이기도 하다. 그래서 변화에 대응하기 위해서는 남보다 먼저 새로운 기술과 정보를 배워 기민하게 적응하는 게 최선이라는 주장이 많다. 하지만 사람은 인공지능처럼 학습기계가 아니다. 더욱이 기존의 기술과 변화의 규모 자체가 다른 인공지능 환경에서는 사람들의 익숙한 관행과 습관은 더 이상 통하지 않는다. 인공지능 시대라는 새로운 상황에 맞는 새로운 인식과 적응 방법이 필요해졌다.

인공지능 기술은 교육과 학습, 기업 경쟁과 산업 환경 등 사회 거의 모든 영역에서 크고 작은 변화를 불러오고 있지만, 이 책은 '개인'에 초점을 맞춘다. 인공지능으로 인해 급변하는 세상에서 개인이 어떻게 대응해야 생존하고 번영을 이어갈 수 있는지를 다룬다. 우리를 놀라게 만드는 기술을 기민하게 배우고 응용하는 것보다 훨씬 중요한 일이 있다. 인공지능이 가져온 변화의 전체적인 지형을 조망하는 것이다. 현재의 인공지능 기술이 어떠한 점에서 과거 기술들과 다른지, 그로 인해 앞으로 변화는 어떠한 방향으로 흘러갈지를 차분하게 살펴보는 일이다. 이때 주목해야 할 몇 가지 지점이 있다. 먼저 현재 일어나고 있는 변화의 속도와 범위를 이해하는 일이다. 인공지능으로 인한 변화는 갈수록 '기하급수적 속도'로 일어나고, '모든 영역'에서 가속화된다. 그 결과 기존의 지식과 노하우가 통용되지 않는, 예측 불가능한 상황이 연속적으로 발생한다. 이처럼 서서히 진행되는 순차적 변화와 질서에 적응해온 인류가 새로운 시대의 기하급수적이고 광범한 변화에 적응하는 게 왜 어려운지를 이해할 수 있어야 비로소 적절한 대응에 나설 수 있게 된다. 바로 이것이 인공지능 환경에 적응하는 첫 단계다.

사람은 생존과 번영을 위해 언제나 더 강한 힘을 추구해왔고, 강력한 개인과 집단이 되고자 경쟁하며 협력하고 갈등해왔다. 편리하고 다재다능한 인공지능의 출현으로 지금까지 인류가 주력하며 발전시켜온 성장과 자기계발, 경쟁의 틀이 송두리째 흔들리고 있다. 지금까지 강력한 개인이 되기 위해서는 남다른 노력과 전략만으로 충분하지 않았다. 타고난 혈통과 소속 집단, 자산, 선천적 재능의 역할이 매우 컸다. 그런데 인공지능은 새로운 길을 열었다. 앞으로 이 책에서 본격적으로 다루겠지만, 과거처럼 남다른 자산과 능력에 의존하지 않고 인공지능을 활용해 혼자 힘으로 얼마든지 자립하고, 나아가 뛰어난 성취를 이룰 수 있는 길이 열렸다.

물론 강력한 도구와 수단이 주어졌다고 해서 누구나 그 도구와 기술을 제대로 활용하는 것은 아니다. 첨단기술과 서비스를 다양한 용도로 활용하고 오랜 시간 이용한다고 해서 현명하고 강력한 사용자가 되는 것도 아니다. 정보기술을 맹목적으로 사용하다 보면 오히려 의존증에 빠지고 기술에 조종당하기 쉽다. 특히 인공지능은 개인별 맞춤화된 서비스를 제공하기 때문에 이용자가 기술을 이해하고 주도적으로 사용하지 않으면, 알고리즘이 제공하는 맞춤형 정보와 서비스에 종속된 맹목적 소비자로 전락할 수 있다. 강력하고 편리한 인공지능 기술은 이용자가 스스로를 강력한 개인으로 변모시킬 수 있는 도구이지만, 동시에 어느 때보다 무능하고 취약한 개인으로 만드는 착취 수단이기도 하다.

그래서 인공지능 시대를 살아가기 위해서는 다른 접근법이 요구된다. 새로운 기술의 속성과 그로 인해 생겨날 변화에 대해 알아야 하고, 인공지능이라는 강력하고 편리한 도구를 무엇에 활용하려 하는지 무엇보다 그 동기가 분명해야 한다. 이는 인공지능 기술과 서비스에 관한 정보를 남보다 빠르고 풍부하게 학습하는 방식과 구별되는, 장기적이고 근본적인 접근법이다.

나는 오랫동안 기술 발달로 인해 정보사회가 어떻게 변모하고 그 세상을 헤쳐나갈 사람에게는 어떠한 새로운 역량이 필요해지는지에 대해 보도하고 연구하며 저술 활동을 해왔다. 소셜미디어, 자동화 로봇, 허위 정보, 에듀테크 등 첨단기술로 인해서 생겨난 새로운 사회현상과 그에 따라 요구되는 역량을 다뤄왔다. 이전에는 없던 새로운 현상이기 때문에, 기존의 대응 방식이나 학습 방법으로는 한계가 있다. 개인은 물론 사회 전체가 새로운 능력과 접근 방식을 필요로 한다. 이는 디지털 세상에서 필요한 새로운 정보 활용 능력, 즉 '디지털 리터러시'라고 부르는 역량이다.

지식과 기술 환경이 변화하면 새로운 활용 능력이 필요해진다. 2300년 전 전국시대의 사상가 한비자는 "세상이 달라지면 일이 달라지고, 일이 달라지면 대비하는 방법도 달라야 한다世異卽事異, 事異卽備變"라고 말했다. 그런데 정보사회에서 디지털, 인공지능 기술과 서비스는 빠르게 발달하고 계속 변화하기 때문에 각급 학교와 같은 정규 교육과정에서 제대로 가르치고 배우기 어렵다. 학교나 교육기관에 의존할 수 없기에 각자 스스로 배움에 나서야 하는 상황이다. 급속하게 변화하는 환경에 적응하기 위해 기민하고 발빠르게 대응하는 것도 해결방안이 되지 못한다. 지금 우리가 만나고 있는 인공지능 기술의 겉모습에 주목해 한때 프롬프트 엔지니어나 프로그래밍 기술자의 앞날이 밝다고 전망한 전문가들이 많았지만, 얼마 지나지 않아 이들 직업도 인공지능에 의해 대체되고 있는 것이 현실이다. 근시안적 대응을 피하고 특정한 상황에 고정되기보다 계속 변화하는 지식을 주도적으로 배우려는 태도가 무엇보다 필요하다. 이것이 인공지능 시대에 필요한 'AI 리터러시' 능력이다.

이 책에서 내가 제시하는 AI 리터러시의 열쇳말은 '강력한 개인'이다. 즉, 강력하고 다재다능하지만 나에게 절대복종하는 '충직한 부하'를 단지 거느리는 데 만족하지 않고, 이를 활용해 스스로 뛰어난 성취를 만들어내는 사람을 말한다.

인공지능 시대에 생존과 성공의 경로를 걸으려면 두 가지를 주목해야 한다. 첫째, 내 직무에 필요한 AI 도구를 능숙하고 적절하게 다룰 줄 알아야 한다. 이는 인공지능을 만능 비서와 마술램프의 요정처럼 활용하는 방법이다. 둘째, AI를 강력한 도구로 활용하는 단계를 넘어 AI를 배움의 도구로 이용해 스스로를 강력한 개인으로 고양시키는 방법이다. 이는 편리하고 강력한 AI에 의존하거나 휘둘리는 게 아니라, AI를 써서 더 주체적으로 일하고 강한 권한에 따르는 책임을 지는 걸 의미한다.

그래서 인공지능을 가장 잘 활용하는 사람은 그 기술에 압도되지 않고 주체적이고 책임감 있게 활용할 수 있는 사람이다. 똑똑하고 다재다능한 조수에게 무엇을 어떻게 지시할 때 그 주인은 '강력한 개인'이 될 수 있을까? 《정글북》의 작가로, 1907년 영국 최초의 노벨문학상을 받은 러디어드 키플링이 알려준 힌트가 있다. 키플링은 동화《코끼리 아이》에 수록한 시 〈나의 충직한 부하들〉에서 이렇게 노래한다.

나에겐 충직한 부하 여섯이 있지
내가 아는 모든 것은 그들이 가르쳐준 거야
그들의 이름은 무엇을, 언제, 어디서, 누가, 어떻게 그리고
왜? 이지…[*]

한 사람을 현명하고 강력하게 만들어주는 방법은 무엇보다 호기심과 질문이다. 육하원칙의 요소를 이용해 구체적으로 질문을 던질 때 사람과 세상을 이해하고, 나아가 이를 움

---

[*] 키플링의 이 문장은 저널리즘의 금과옥조가 된 육하원칙(5W1H)의 명시적 기원이다.

직일 수 있다. 가장 충직한 부하는 알라딘의 마술램프처럼 모든 요구와 지시를 즉각 실행해주는 힘센 심부름꾼이 아니다. 주인을 지혜롭고 강한 존재가 되도록 도와주는 존재다. 키플링의 여섯 가지 질문처럼 그 주인을 생각하게 만들고, 새로운 배움과 깨달음으로 나아가게 만드는 성장의 도구다.

오늘날 생성 인공지능은 100여 년 전에 키플링이 호기심과 사유의 도구라고 찬사를 보낸 '나의 충직한 부하'를 닮았다. 인공지능 에이전트는 무엇이든 물어보면 알려주고 지시한 업무를 수행해주는 만능 비서, 만능 도우미를 자처하며 이용자에게 '충직한 부하'처럼 다가온다. 하지만 강력하고 다재다능한 충직한 부하를 거느린다고 저절로 지혜로워지는 것도, 성공할 수 있는 것도 아니다. 이용자가 인공지능 세상의 변화와 그 특징, 무엇보다 신기술을 올바르게 사용할 수 있는 방법을 알아야 한다. 이 책은 AI 시대를 살아가기 위해 필요한 지혜를 안내하고자 한다.

①

평범한 사람들의 새로운 성공 경로

강력한 개인이 오고 있다. 지금껏 한 사람이 지닐 수 없었던 강력한 힘과 영향력을 갖춘 개인들이 생겨나고 있다. 인류의 유구한 역사 속에서도 찾을 수 없었던 모습이다. 오늘날 보통 사람들은 과거의 왕도 상상하지 못한 수준의 의료, 위생, 정보 접근권을 누리며 산다. 힘과 영향력의 형태도 바뀌었다. 군대와 세금 징수 권한이 권력의 상징이던 시대에서, 이제는 정보와 네트워크를 가진 개인이 사회를 움직이는 시대가 되었다. 과학기술의 발달, 그중에서도 디지털과 인터넷, 인공지능 등 정보기술을 개인적 도구로 활용하게 된 덕분이다.

거대 미디어 기업의 소유주나 발행인도 갖지 못했던 힘을 개인이 쉽게 행사할 수 있는 세상이다. 개인은 유튜브와 소셜미디어를 이용해 전 세계 사람들에게 메시지를 전달함으로써 반응을 끌어내고 영향력을 만들어낼 수 있다. 챗GPT, 제미나이, 클로드, 퍼플렉시티, 네이버 하이퍼클로바X 씽크와 같은 생성 인공지능의 출현으로 인해 탁월한 사람과 전문가의 영역이던 고난도 작업을 비전문가인 개인도 손쉽게 처리할 수 있게 되었다. 특별한 재능이 없고 전문적 수련과 경험을 거치지 않은 일반인도 인공지능을 이용하면 소설을 창작하고 미술작품을 완성하고 음악을 작곡하는 것이 얼마든지 가능해졌다. 거대 자본과 제작진의 도움 없이도 개인이 스마트폰과 인공지능 도구를 이용해 홀로 영화를 제작하고 유튜브를 통해서 전 세계에 유통할 수 있는 환경이다.

한편, 다양한 기능의 인공지능 비서(AI 에이전트)들을 직원처럼 활용하는 1인 기업의 설립과 운영이 가능해졌다. '펍스테이션'은 출판사에서 10년 넘게 근무한 직원이 2023년 10월 창업한 1인 기업인데, AI를 이용해 출판사가 책을 출간하기까지 걸리는 시간을 획기적으로 단축할 수 있는 AI 퍼블리싱 에이전트를 개발했다. 이를 통해 기존에 원고 교정, 윤문, 디자인, 마케팅 등 몇 개월이 걸리던 출판 과정을 AI를 이용해 하루이틀로 줄였다.

이스라엘의 30대 초반 젊은 개발자 마오르 슐로모는 인공지능을 활용해 사용자가 자연어로 원하는 기능과 분위기를 설명하면 웹이나 앱을 자동으로 만들어주는 '바이브코딩(자연어 코딩)' 플랫폼 기업 베이스44를 1인 기업 형태로 창업해 혼자서 개발·운영했다. 이 베이스44는 설립 반년 만인 2025년 6월, 8000만 달러(약 1170억 원)에 인수·매각되었다. 머지않아 '나홀로' 최고경영자 겸 유일 직원 형태의 1인 기업들 중에서 기업가치가 10억 달러에 이르는 '유니콘 기업'이 등장할 것이라는 예측도 나온다.

지식의 문턱도 낮아지고 있다. 오랜 공부와 연구, 훈련을 통해 도달하거나 접근할 수 있던 전문 지식의 세계에 비전문가도 쉽게 진입할 수 있고 그 지식을 활용해 전문적 직무를 수행할 수 있게 됐다. 생성 인공지능은 정보검색을 넘어서 특정한 주제나 형식으로 글을 쓰고 복잡하고 어려운 문제에 대해서도 눈 깜짝할 새 답변을 내놓고 보고서를 작성할 수 있다. 수백 또는 수천 쪽의 서적과 문서도 인공지능을 이용하면 순식간에 내용을 요약하고 정리해 활용할 수 있다. 딥엘DeepL, 구글 번역, 스카이프, 파파고 등과 같은 인공지능 번역 도구는 완성도 높은 번역, 통역 서비스를 제공해 외국어의 장벽을 사실상 사라지게 하고 있다. 최신형 스마트폰에 탑재된 기기내장형(온디바이스) 인공지능 서비스는 인터넷 연결 없이도 통·번역 작업을 처리해준다.

지난 시절 전문 인력을 비서나 참모진으로 둘 수 있는 사람은 최고 통치자, 군사 지도자, 대기업 회장 등 거대 조직의 우두머리였다. 보통 사람이 큰돈을 쓰거나 높은 지위에 오르지 않는 이상 자신을 대신해 업무를 처리해주고 도와주는 전문가들을 비서로 두는 것은 거의 불가능했다. 이제는 개인도 비교적 저렴한 비용으로 인공지능과 각종 자동화 도구를 이용해 똑똑하고 유능한 비서를 고용할 수 있게 됐다. 그 결과 개인의 힘과 영향력이 과거와 비교할 수 없을 정도로 달라졌다. 사회와 조직의 기본적 관계와 역학도 변화를 맞고 있으며, 지식과 역량을 배우고 활용하는 방법에도 구조적 변화가 불가피하다.

인공지능을 활용해 강력한 개인이 될 수 있는 방법이 생겨났고, 그 경로가 모두에게 개방되어 있다는 것은 개인들에게 좋은 소식이다. 하지만 이미 안정된 자리와 힘을 보유한 사람에게는 불길한 소식일 수 있다. 자신이 이룩한 자산과 성취가 위협받는 상황이기 때문이다. 또한 지금까지 성공적이고 효율적이라고 믿어온 방법과 목표를 따라 지식과 기량을 쌓아가고 있던 사람에게도 안 좋은 소식이다. 기존에 믿고 따랐던 교육의 목표와 전제가 흔들리는 상황인 까닭이다. 많은 사람이 새로운 경로를 선택해 자신의 미래를 획기적으로 바꾸고 업그레이드할 수 있게 된다면, 기존 방법을 고수한 사람은 결과적으로 낙오자가 된다. 이는 결국 모든 사람이 살아가고 교육받고 직업을 구하는 방식에 근본적 변화가 불가피해졌음을 의미한다. 달라진 환경에 제대로 적응하지 못하는 개인은 어느 때보다 취약해진다. 사회 전체 차원에서 보면, 강력한 개인들이 등장한다는 것은 다수의 취약한 개인들이 생겨난다는 것을 의미한다. 곧, 이렇게 달라진 환경에 필요한 새로운 교육방법, 자기계발 방법이 필요해졌음을 알려준다.

새로운 성취의 경로

　지금까지의 강력한 개인들은 집단에 속하거나 보호를 받아왔다. 이들은 대부분 힘 있는 집단에 속한 덕분에 힘을 키우고 지위를 누릴 수 있었다. 좋은 혈통과 가문 출신은 물론이고 의사, 변호사, 회계사 등 학위와 자격증을 획득하고, 전문적 능력을 통해 강력한 개인이 된 사람들도 개인의 힘만이 아닌 소속 집단의 힘과 권위에 기대어 활동해왔다.

　《자유론》을 쓴 철학자이자 공리주의 사상가인 존 스튜어트 밀은 19세기를 대표하는 천재다. 세 살 때 그리스어를 배우기 시작해 여섯 살에는 기하학과 대수학을 공부했고 여덟 살 무렵엔 라틴어를 술술 읽어냈다. 존 스튜어트 밀의 천재성은 뛰어난 철학자였던 아버지 제임스 밀의 독특한 교육법과 관련이 깊다. 제임스 밀은 어린 아들의 교육을 전담하며 체계적이면서 엄격한 조기교육을 실시했는데, 학교에 전혀 보내지 않고 홈스쿨링으로 맞춤형 영재교육을 했다. 찰스 다윈이 진화론을 구체화하는 데 결정적 배경이 된 영국 해군 측량선 비글호 항해도 집안의 재력 덕분에 가능했다. 저명한 의사이자 큰 부자였던 다윈의 아버지는 아들이 5년 동안 비글호에 탑승해 탐험할 수 있도록 관찰·수집에 드는 막대한 비용을 아낌없이 지원했다. 다윈은 아버지의 적극적 지원과 넉넉한 재산 덕분에 일생을 돈 걱정 없이 연구에 몰두할 수 있었다. 볼프강 아마데우스 모차르트도 유명 작곡가이자 연주자로 음악교육 전문가였던 아버지 레오폴트의 조기교육을 받았기에 천재성을 꽃피울 수 있었다.

스포츠와 예술은 최고 수준의 성취에 도달하는 데 개인의 기량과 노력이 결정적인 작용을 하는 영역이다. 하지만 자세히 살펴보면 그러한 노력과 기술을 갈고 닦을 수 있는 배경의 역할도 매우 중요하다. 물론 올림픽 금메달과 콩쿠르 우승에는 누대에 걸친 자산과 지원보다 개인의 재능과 노력이 훨씬 중요하다. 그런데 우리에게 잘 알려진 예술가, 스포츠 스타들의 성공에도 사실은 남다른 환경과 행운이 있었다. 지휘자 정명훈은 네 살 때 피아노를 시작해 일곱 살에 피아니스트로 데뷔한 음악 신동 출신이다. 정명훈은 1974년 모스크바 차이콥스키 국제 콩쿠르 피아노 부문에서 2위를 차지해 세계적인 피아니스트 반열에 올랐고, 정경화(바이올린), 정명화(첼로) 두 누나와 함께 정트리오를 결성해 1970~1990년대엔 세계 무대에서 한국 클래식을 대표하는 음악 가족으로 활발하게 활동했다. 국내 클래식 환경이 척박했던 시기에 정트리오 삼남매가 이룬 음악적 성취는 일찍부터 자녀들의 재능을 발견하고 조기교육과 헌신적 지원으로 뒷받침한 어머니의 안목과 노력을 빼고는 이야기할 수 없다. 타이거 우즈와 손흥민, 이정후도 어려서부터 부모의 적극적이고 체계적인 관여와 지원이 없었다면 오늘날과 같은 우뚝한 성취에 도달하기 어려웠을 것이다.

기존의 성공한 사람들의 공통점은 무엇보다 이들이 일반

인들과는 구별되는 특별한 존재라는 점이다. 많은 사람이 성공을 꿈꾸며 기량을 쌓고 자산을 모으는 등 갖은 노력을 기울여왔지만, 그중 놀라운 성취를 이룬 개인이 되는 경우는 극히 드물었다. 왜냐하면 특별하고 혜택받은 소수만이 타고난 조건 또는 남다른 재능과 노력을 발판으로 강력한 개인으로 발돋움할 수 있었기 때문이다.

인도 카스트 사회에서는 브라만과 크샤트리아 계급으로 태어나는 게 강력한 개인의 기본 조건이었다. 대부분의 전통 사회에서는 왕족과 귀족, 권력자, 부자의 집안에서 태어나는 것, 즉 혈통과 신분이 강력한 개인이 될 수 있는 가장 중요한 조건이었다. 아무리 강력하고 뛰어난 사람이 되고 싶다고 해도 태어날 때 조건을 갖추지 못했다면, 개인이 노력한다고 해서 가능한 게 아니었다. 태어나면서 왕족과 양반, 평민, 노비로 운명이 정해지는 신분제 사회는 사라졌지만, 사회적 지위와 자산이 권력이 되는 현대 사회에서도 상황은 크게 달라지지는 않았다. 어떤 집안과 부모 아래에서 태어나는지가 한 사람이 평생 지니게 될 기회와 자산, 역량에 큰 영향을 끼치는 것이 현실이다. 21세기 한국 사회에서 '금수저 흙수저' 논란이 지속되는 배경이다. 경제적 자산만이 아니라 지능과 체력, 건강, 외모 등도 어느 정도 타고나는 측면이 있다. 타고난 자질과 환경을 고려하지 않고 개인 노력만으로 스포츠 스타, 가수, 영화배우 같은 현대 사회의 강력한 개인이 되기를 꿈꾸는 것은 한낱 몽상에 그치기 쉽다.

타고난 혈통과 지위, 재능에 달린 '강력한 개인'

시민혁명 이후 형성된 근대 시민사회에서 변화가 생겨났다. 자유와 평등을 내세운 시민혁명의 영향으로 개인의 영역이 중요하게 여겨지기 시작했다. 개인의 의지와 노력이 강력한 개인이 되는 중요 요소로 떠올랐다. 개인이 학습과 훈련, 노력을 통해서 강력한 역량을 길러내고 사회적으로 인정받는 길이었다. 선천적인 게 아니라 후천적이고, 개인의 의지와 노력 여부에 달려 있다는 점에서 모두에게 허용된 경로이자 장려되는 행위였다. 새로운 성취의 경로는 개인의 성공 및 사회경제 발전과 동일시되었기 때문에, 개인과 가정만이 아니라 국가와 사회도 나서서 교육 시스템과 사회경제적 보상 체계를 만들고 개인들의 역량을 끌어올리는 데 온 힘을 쏟았다. 그중에서도 교육과 개인적 노력을 통해 사회적 쓸모가 많은 지식과 기술, 역량을 갖추는 게 가장 일반적인 방법이었다. 뛰어난 지식인, 장인, 엔지니어, 예술가, 작가, 스포츠 선수가 되는 길은 오랜 기간 충실한 학습과 훈련을 통해 스스로를 강력한 개인으로 조련해가는 과정이기도 했다. 스웨덴 출신의 심리학자 안데르스 에릭슨이 성공한 사람들의 비결로 제시한 '1만 시간의 법칙'이 대표적인 경로였다.[2]

시민사회 형성으로 개인의 주체성과 독립성이 강조되고 개인이 노력을 통해 자신의 운명을 개척해나가는 길이 확립되었지만, 뜻을 세우고 노력한다고 누구나 성취와 성공의 삶을 살아가는 것은 아니었다. 후천적인 의지와 노력으로 도달할 수 있는 길이 열렸지만 그 경로에 진입하는 문턱은 여전히 높았다. 개인이 뛰어난 능력을 갖췄다고 주장하고 역량을 과시한다고 해서 그 분야의 전문가나 유능한 사람으로 인정받는 것도 아니었다. 사회적 가치가 큰 기량은 개인적 차원이 아니라 사회적으로 인정받아야 했고, 전문적 학습 및 수련과정과 인증을 거쳐야 했기 때문이다. 중세 시대 장인이 되려면 오랜 세월 견습생으로 도제식 수련생활을 견딘 뒤 길드에 가입해 활동해야 했고, 근대 이후 각 전문 직역은 필수적인 교육과 수련과정, 자격시험 절차를 의무화하는 방식으로 배타적 진입구조를 만들어냈다. 오늘날 박사학위를 비롯해 의료, 법률, 토목 및 건축, 엔지니어링, 안전관리 등 각 전문직 분야는 고유의 수련과정과 인증 절차를 운영하고 있다. 기량과 성취 수준이 한눈에 드러나는 미술과 음악, 스포츠 분야에서도 공모전, 콩쿠르, 선수권대회라는 형태로 자격과 실력 정도를 인증하고 있다. 오랜 기간 학습과 훈련을 거친 뒤 까다로운 인증과 허가 절차를 통과해야 하는 전문직 분야에서 강력한 개인이 된다는 것은 현대에도 여전히 허들이 높다.

전문가가 되는 새로운 경로

그동안 비전문가들이 특정 영역에 접근하고 활동하는 것

을 진입 허가와 수련과정, 자격증 등의 절차를 통해 제한하는 게 가능했고 지금도 그 방식은 여전히 작동하고 있지만, 앞으로는 달라질 가능성이 크다. 아무리 문턱과 장벽이 존재해도 우회하는 사례가 늘어나면 변화할 수밖에 없다. 이미 문서와 표 작성, 통계 분석, 소설 창작, 그림 그리기, 작곡, 통·번역, 코딩, 바둑 등의 분야에서만이 아니라 일부 과학 분야에서도 인공지능이 전문가를 능가하는 성과가 나타나고 있는 현실이다. 통·번역 서비스에서는 인공지능을 활용한 딥엘·구글·파파고 등이 전문가 수준의 결과를 제공하고 있다. 이미지와 동영상 편집·제작에서도 미드저니·소라 등의 서비스가 전문가에 버금가는 품질로 종사자들을 불안하게 만들고 있다. 유튜브에서 활동하며 큰 수익을 올리는 인플루언서가 대표적 사례다. 이들은 해당 분야의 '덕후'로, 관련 학위나 자격증, 인증과 경력을 갖추지 않았지만, 대신 콘텐츠 구성력과 전달 능력으로 팬들을 모아 영향력과 수익구조를 만들어냈다.

딥마인드가 2018년 공개한 단백질 구조예측 인공지능인 알파폴드는 이미 최고의 전문가들을 뛰어넘는 성과로, 각종 질병의 발병 원인과 경과 규명에 관한 실마리를 제공하며 생명과학의 새 시대를 예고했다. 2024년 노벨화학상은 알파폴드를 개발한 딥마인드의 CEO 데미스 허사비스와 알파폴드 팀을 총괄하는 존 점퍼 등 3인에게 주어졌다. 50년 이상 난제로 여겨졌던 단백질의 복잡한 구조예측을 해결하는 인공지능 알파폴드를 개발한 공로였다. 허사비스를 비롯한 알파폴드 개발팀은 역대 노벨화학상 수상자들처럼 전통적 의미의 화학자가 아니었다. 허사비스는 컴퓨터과학·신경과학을 전공했고, 존 점퍼 또한 물리·이론화학·계산과학을 배우고 딥러닝 기반 구조예측 모델을 이끈 인물이다.

인공지능은 전공 분야에 얽매이지 않고 새로운 지식과 목표를 추구하는 사람에게 강력한 도구가 되고 있다. 한때 '문송하다(문과라서 죄송하다)'는 표현이 있었지만, 인공지능 시대엔 사라질 말이다. 국내외를 가릴 것 없이 AI를 다루는 데 있어서 전공이나 출신은 큰 의미를 갖지 않는다. 동영상 생성 AI기업 런웨이Runway의 CEO인 크리스토발 발렌수엘라는 학부에서 경제학과 경영학을, 석사 때 예술을 전공한 전형적인 문과생이다. 시장가치가 높은 데이터 분석 기업 팔란티어의 CEO 알렉스 카프는 학부에서 철학, 박사과정에서 법학을 전공한 경영자다.

국내도 다르지 않다. AI 플렛폼기업 '뤼튼Wrtn'의 창업자 이세영 대표는 문헌정보학(도서관학)을 전공했으며, 피지컬 AI 기업인 마음AI의 유태준 대표는 미학을 전공한 골수 문과생이다. 2025년 9월 국내에서 열린 개발자대회 'LG 소프트웨어 개발자 콘퍼런스'에서는 문과 출신의 비개발자로 구성된 팀이 우승을 차지해 눈길을 끌었다. 해결하려는 문제의 분석과 규명에 집중하고, 이를 위해 필요한 개발 업무는 AI 도구를 활용한 게 팀의 우승 비결이었다.

인공지능 도구를 사용하기 위해서 특별한 자격이나 허가가 필요한 경우는 거의 없다. 상업 서비스 또는 오픈소스 형태로 누구에게나 손쉬운 접근이 허용되는 게 인공지능이다. 그래서 위 사례들은 AI 개발 전문성보다 오히려 각자 전공 분야에서의 전문성과 열정이 진정한 강점으로 작용한다는 것을 보여준다.

지식, 정보사회에서 권력의 원천

인공지능 시대의 강력한 개인은 이제까지 개인을 강력한 존재로 만들던 속성과 다른 특징들을 기반으로 한다. 혈통, 지위, 권력, 부, 재능 등 지난 시절 강력한 개인의 속성은 선천적이건, 후천적이건 기본적으로 혜택받은 소수에게만 주어졌다. 특별한 사람만 지닐 수 있고 많은 사람과 나눠 가질 수 없는, 희소 자원의 특징을 가졌다. 제한된 소수에게만 주어지고 나머지 사람은 소유와 접근에서 배제되는 게 이런 종류의 힘과 재화가 지닌 배타적 속성이다. 또한 경합적 재화라는 속성으로 인해, 누군가 강한 권력과 많은 부를 가진다는 것은 나머지 사람들의 권력과 부를 제한하거나 줄이는 결과로 이어진다.

이와 달리, 디지털 세상에서 강력한 개인의 도구인 인공지능 기술은 특정인의 소유와 접근이 다른 사람의 접근과 활용을 배제하지 않는다. 누군가 인공지능 도구를 활용해 성공을 이뤘다는 사실이 다른 사람의 활용이나 접근을 차단하거나 제한하지 않는다. 인공지능에 관한 최첨단의 지식과 기술도 인터넷과 각종 플랫폼을 통해 누구나 접근과 이용이 자유롭다. 공개된 지식은 비경합성과 비배타성이라는 특성으로 인해 공유재로서의 성격을 갖는다.*

미래학자 앨빈 토플러는 1990년 펴낸 《권력 이동Power Shift》을 통해 "정보사회에서는 지식과 정보가 가장 강력한 힘의 원천이 될 것"이라고 말했다. "권력이 단순히 개인, 기업, 국가에서 다른 곳으로 이동하는 차원이 아닌 권력의 본질 자체가 변화하며, 그 궁극적 수단으로서 지식의 역할이 중요하다"는 것이다. 토플러의 예측대로, 오늘날 정보사회에서는 정보와 지식이 가장 강력한 힘의 원천이 되었다. 이전 시기에는 거대한 자본과 강한 물리력이 강력한 힘을 상징했지만, 정보사회에서는 데이터를 수집·해석하고 지식을 통제하는 자가 세상을 움직이는 시대로 바뀌었다. 정보사회에서 지식과 정보가 가장 강력한 힘의 원천이 되었다는 것은 단지 권력의 이동만을 의미하는 게 아니다. 오히려 그 권력 이동은 권력의 구조와 본질이 변화한 현실을 보여주는 결과에 불

---

* 지식의 비경합성이란 어떤 사람이 지식을 소유하거나 사용하는 것이, 다른 사람이 그 지식에 접근하고 그것을 이용하는 데 아무런 방해가 되지 않는다는 것을 의미한다. 비배타성은 어떤 사람이 지식을 갖는다고 해서, 다른 사람의 지식이 줄어들거나 제한당하지 않는다는 의미이다.

과하다. 정보사회는 적절한 지식에 접근하고 활용하는 능력이 그 자체로 권력이 되는 사회다.

권력의 원천이 물리력에서 정보와 지식으로 이동했다는 것은 권력을 획득하는 길이 비배타적 속성을 갖게 되었다는 것을 의미한다. 근대 이후 개인의 영역이 확대되면서 교육과 노력을 통해 스스로 성공의 기회를 얻는 길은 계속 넓어졌지만, 최근의 디지털과 인공지능은 그 경로 확대를 넘어 거대하고 구조적인 변화를 이끌어내는 동력이 되고 있다. 특히 사용자 경험 개선에 초점을 맞추는 '쉽고 편리한' 기술의 등장은 기술의 높은 문턱을 낮춰 누구나 최신의 강력한 기술을 사용할 수 있는 세상을 만들고 있다.

누구나 쉽게 이용할 수 있는 기술

빌 게이츠는 2023년 3월 자신의 블로그 〈게이츠 노트〉에 "인공지능 시대가 열렸다"는 글을 올려 챗GPT가 자신이 일생 동안 만난 두 가지 혁명적 기술 중 하나라고 말했다.[3] 빌 게이츠는 "나를 놀라게 한 혁명적인 기술을 두 가지 꼽을 수 있는데 첫 번째는 1980년 (제록스 팰로앨토연구소에서) 소개받은 그래픽사용자환경 GUI: Graphic User Interface 이고, 두 번째는 2022년 오픈AI 개발진이 보여준 인공지능 실험 결과"라며 챗GPT 기술을 극찬했다. 빌 게이츠는 "1980년대 그래픽사용자환경이 윈도와 맥 OS 운영체제의 등장으로 이어졌듯, 인공지능 기술이 비슷한 수준의 혁명을 이끌 것"이라고 하면서 "인공지능이 사람들이 일하고 배우고 여행하고 건강을 관리하고 서로 소통하는 방식을 모두 바꿔놓을 것"이라고 예측했다. 빌 게이츠와 그가 창업한 마이크로소프트는 1980년대에는 윈도 운영체제를 개발하고, 2023년에는 오픈AI의 지분 49%를 확보하는 대응에 나서, 두 번 모두 최고의 사업 전환점과 투자 기회로 만들었다.

빌 게이츠가 자신의 인생에서 혁명적인 기술이라고 말한 두 가지는 각기 다른 기술이지만, 공통점을 지닌다. 그래픽 사용자환경과 생성 인공지능(챗GPT) 둘 모두 혁신적인 사용자 경험을 제공하는 기술이라는 점이다. 그래픽사용자환경이 등장하기 이전에 컴퓨터는 도스DOS 명령어와 프로그램 언어를 다룰 줄 아는 컴퓨터 전문가와 기술자들의 전유물이었다. 그러나 GUI는 마우스로 아이콘을 누르면 작동하는 편리한 조작법을 통해 기술 전문가들의 도구였던 컴퓨터를 누구나 사용할 수 있는 일상적 도구로 바꿔버렸다. GUI는 '컴맹'이라는 말을 사라지게 만들었을 뿐만 아니라, 결과적으로 오늘날 정보화 혁명, 스마트폰 혁명, 모바일 혁명을 불러온 혁신 기술이 되었다. 스마트폰이 가져온 모바일 혁명도 사실은 조작법을 배울 필요 없이 누구나 휴대전화의 앱을 터치하기만 하면 되는 손쉬운 GUI 기반의 사용자 환경 덕분에 가능해졌다.

챗GPT로 대표되는 생성 인공지능 기술도 손쉽고 편리한 도구라는 점에서 40여 년 전의 GUI와 비슷하다. 생성 인공지능 도구가 등장하기 이전까지 인공지능을 활용할 수 있는 사람들은 인공지능 개발자 또는 프로그래머, 데이터과학자 등 전문 기술자뿐이었다. 그런데 챗GPT는 누구나 일상언어를 입력하거나 말하는 것만으로 간단하게 이용할 수 있다. 복잡한 명령어나 기계학습 전문용어를 알지 못해도 다양한 생성 인공지능을 이용하면 얼마든지 그림과 그래픽을 만들고 분석 보고서와 소설을 완성하고 작곡도 할 수 있다. 말로 작동하는 생성 인공지능은 이전까지는 소수 전문가들만 조작할 수 있던 인공지능을 누구나 손쉽게 사용할 수 있는 도구로 바꿔버린다.

기술이 발전할수록 그 쓰임새가 많아지고 영향력도 커지지만 사용자는 기술을 의식하지 않게 된다. 일찍이 20세기 초 영국의 수학자이자 분석철학자인 앨프리드 노스 화이트헤드는 "문명은 우리가 의식적으로 생각하지 않고도 수행할 수 있는 중요한 일들의 가짓수를 늘리면서 진보한다"고 말한 바 있다. 1988년 제록스 팰로앨토연구소의 마크 와이저 박사는 유비쿼터스 컴퓨팅의 이론적 토대와 개념을 제시하며, 그 특성을 "가장 심오한 기술은 사라져버리는 기술이다. 뛰어난 기술은 일상생활 속으로 녹아들어가 식별할 수 없게 된다"고 설명한 바 있다. 기술이 발달할수록 그 조작법은 점점 간단하고 편리해지며 활용하기 쉬워진다는 것을 스마트폰,

챗GPT 등을 보며 실감하고 있다.

오랫동안 각 분야 전문직과 기술직은 복잡한 기술을 다루는 능력을 기반으로 안정적 일자리를 보장받는 직업 경로였다. 직종과 사회 변화에 따라 인기도는 달라졌지만, 전문 지식과 기술을 보유한 사람은 상대적으로 직업적 안정성이 높았다. 기술자가 되기 위한 높은 문턱 때문이다. 학교와 학원에서 오랜 기간 전문적 교육과 수련을 받고 시험을 통과해야 자격을 갖춘 기술자로서 인정받을 수 있었다. 지금도 '기술자'라는 말에는 아무나 하기 어려운, 전문적 능력의 보유자라는 어감이 남아 있다. 전문적 기술은 힘들고 어렵게 배우는 게 당연한 것처럼 여겨졌고, 아무나 범접할 수 없는 능력이었다.

그러나 기술이 일상 속으로 녹아들수록, 그 기술을 다루는 일은 점점 편리해지고 진입 문턱 또한 낮아진다. 과거에는 오랜 수련을 거친 전문가만 할 수 있던 일도 이제는 누구나 사용할 수 있는 도구의 형태로 바뀐다. 그중에서도 근래의 생성 인공지능은 복잡한 명령어나 전문 지식 없이, 일상 언어만으로 다양한 작업을 수행할 수 있다는 점에서 '마법의 램프'에 비유할 만하다. 마치 램프를 문지르면 곧장 소원이 이루어지듯 과거에는 특정 전문가만 할 수 있었던 수준의 작업이 눈앞에서 바로 수행된다.

모두에게 열린, 하지만 누구나 갖지는 못하는

요약하자면, 개인이 성공할 수 있는 경로가 넓어지는 배경에는 세 가지 요인이 있다. 첫째, 혈통이나 자산, 특별한 재능을 타고난 혜택받은 소수에게만 주어지던 성공의 기회가 모두에게 개방되었다. 둘째, 지식 정보사회에서 정보와 기술이 공유되면서 누구나 마음만 먹으면 무료로 최고의 지식을 학습하고 이용할 수 있게 됐다. 셋째, 높은 문턱과 좁은 문을 통과해야 익힐 수 있던 기술이 인공지능의 등장으로 점점 더 쉬워지고 사용하기 편리해지고 있다. 강력한 개인의 시대가 열리는 배경이다.

그런데 누구나 접근할 수 있고 길이 넓어졌다고 해서 모든 사람이 그 길을 선택하지는 않는다. 모든 사람이 그 길의 가치를 아는 것도 아니다. 가치를 알아보고 선택한다고 해서 반드시 그 경로를 성공적으로 걸어가는 것도 아니다. 자아실현과 성공의 문턱이 낮아지고 길이 넓어졌다는 사실이 저절로 사람들을 성공의 길로 인도하지는 않는다.

꿈을 실현하기 위한 경로가 넓어졌다는 사실과 특정한 개인이 그 경로를 선택하고 걷는 것은 별개의 문제이다. 이는 개인의 선택과 판단, 실행이 필요한 주관적 영역의 문제다. 환경이 달라진 만큼 성공과 성취에 필요한 것들 또한 달라졌다. 모두에게 새로운 학습이 필요해졌다.

② 지수증가적 변화와 대응

인공지능을 활용한 새로운 기술과 서비스들이 날마다 보도되고 그로 인해 사회와 산업 전반에 걸쳐서 다양한 변화가 알려지고 있다. 오랫동안 연구·개발계, 정보기술 산업계의 관심사였던 '인공지능'은 이제 모든 사람들이 반드시 알아야 하는 필수적 생활용어이자 개념어가 되었다. 인공지능이 특정한 분야에 종사하는 사람들에게만 영향을 끼치는 게 아니라, 직업이나 성별, 연령 등과 상관없이 모든 사람의 일자리와 관계 등 생존방식 전반에 영향을 주는 상황이 되었기 때문이다. 이제는 누구라도 인공지능과 그로 인한 변화에 대해서 제대로 알지 못하면 직업생활은 물론 원활한 사회생활조차 어려워졌다. 쉴 틈 없이 이어지는 신기술과 새로운 현상에 대한 소식을 업데이트하고 따라잡는 것이 필요하지만,

무한한 정보 수집과 업데이트보다 중요한 것은 인공지능 기술로 인해 앞으로 어떤 거대한 변화가 생겨날 것이고 개인과 사회에 어떠한 영향을 미칠지에 대한 큰 흐름과 방향을 이해하는 것이다. 그중에서도 가장 중요한 사항은 바로 이러한 변화의 원인과 방향, 그 지속성에 대한 지식이다. 인공지능으로 인한 변화는 왜 생겨나고, 어디까지 이어질지, 언제까지 진행될지를 파악하는 게 인공지능 시대에 적응하기 위해 가장 먼저 할 일이다.

이세돌 9단, IBM, AT&T, 모토롤라의 공통점

디지털과 인공지능 세상에서는 변화의 속도와 파장이 과거와 비교할 수 없을 정도로 빠르고 강력하다. 이를 깨닫지 못하고 기존 방식대로 성실하게 노력하다가 낭패한 사례는 셀 수 없이 많다.

2016년 3월 서울에서 열린 이세돌 9단과 알파고 사이의 바둑 대결은 많은 사람에게 인공지능의 강력함을 알려준 사건으로, 이른바 '알파고 충격'으로 불린다. 당시 정보기술 담당 기자로 활동하던 나는 알파고와 대국을 앞둔 이세돌 9단을 만나 인터뷰했다. 이세돌은 알파고와의 다섯 차례 대국을 앞두고 "내가 5-0, 또는 4-1로 이길 수 있다"고 장담했다. 승리를 자신하던 그에게 "인간 바둑기사와 달리, 인공지능 바둑 프로그램은 매순간 학습하며 진화하는데, 그에 대한 대비가 돼 있느냐"고 물었다. 이세돌의 자신감도 근거가 없는 것은 아니었다. 세계 최고 기사답게 그는 불과 몇 달 전 유럽 바둑 챔피언인 판후이 5단과 알파고가 대결한 기보들을 꼼꼼히 분석한 뒤에 자신의 승률을 예측한 것이다. 알파고-판후이 기보는 2016년 1월 〈네이처〉에 공개돼 있었다. 이세돌 9단은 "판후이와의 대국을 통해 판단하자면, 알파고는 아직 나와 승부를 논할 정도의 실력이 못 됩니다. 대국 이후 4개월 동안 알파고는 계속 개선되었겠지만, 시간적 한계가 있다고 봅니다"라고 말했다.[4] 한편, 알파고를 개발한 구글 딥마인드의 최고경영자 데미스 허사비스는 "지난해 10월 대국 이후 알파고는 빠른 속도로 기계학습을 진행해 실력이 크게 향상됐다. 이세돌에게 밀리지 않을 것"이라고 응수했다.

바둑 최고수와 알파고 간의 대국은 전문가들의 예상을 완전히 빗나갔다. 첫째 판도, 둘째 판도, 셋째 판도 연속으로 알파고의 일방적 승리였다. 알파고는 중요한 고비마다 기상천외한 포석을 이어갔다. 이세돌 9단은 물론 현장에서 대국을 중계하던 전문 해설가를 비롯해 바둑인 누구도 알파고가 왜 그 자리에 돌을 두었는지 전혀 이해할 수 없었다. 결과는 알파고의 4승 1패, 완승이었다. 4국에서 이세돌 9단은 지금까지 바둑 역사에서 시도되지 않은 묘수를 승부수로 던졌는데, 기보를 기반으로 학습한 알파고가 에러를 일으켜 불계승을 거뒀다. 이세돌 9단이 4국에서 거둔 기적 같은 1승이 인간이 알파고를 상대로 거둔 유일한 승리가 됐다. 이세돌은 인간의 속도로 예측하고 대비했지만, 알파고는 디지털의 속도로 학습했기 때문이다. 대국을 앞두고 알파고는 4주 동안 기보 100만 개를 학습했는데, 사람이라면 1000년이 걸릴 정도로 방대한 분량이다.

IT 분야에서는 황당한 미래 예측 사례가 적지 않다. 컴퓨터 개발 초창기인 1943년, 상업용 컴퓨터 시장을 개척한 IBM의 창업자이자 CEO인 토머스 왓슨은 "전 세계적으로 다섯 대 정도의 컴퓨터 수요가 있을 것"이라고 전망했다. 1949년 미국 〈포퓰러 메카닉스〉는 "미래엔 컴퓨터 무게가 1.5톤 이하로 줄어들 것"이라고 예측했다. 당시의 컴퓨터는 1946년 개발된 에니악ENIAC으로, 교실만 한 크기에 무게는 30톤이 넘었다. 에니악은 당시 기계식 계산기보다 1000배 빠르다고 찬사를 받았지만, 현재 최신 스마트폰의 연산 능력은 에니악의 수십억 배 수준이다.

1980년대 초, 컨설팅기업 매킨지는 휴대전화 사업에 뛰어들지 여부를 두고 검토하는 미국의 통신 재벌 AT&T에 "2000년이 되어도 셀룰러폰 이용자는 100만 명이 못 될 것"이라며 사업 참여를 하지 말라고 조언했다. 2000년이 됐을 때 휴대전화 가입자는 7억 명이 넘었고, 매킨지 컨설팅에 의존한 AT&T는 꿈의 사업 기회를 날리고 말았다.

한편 2005년 2월 창업자가 신용카드로 돈을 빌려 설립한 스타트업 기업 유튜브는 이듬해 당시로서는 엄청난 거액인

14억 달러(약 1조 9600억 원)에 구글에 인수됐다. 스마트폰이 등장하기 한참 전이었고, 동영상을 무료로 제공하는 유튜브는 수익성 없는 사업모델로 여겨졌다. 섬네일 크기로 저화질 화면을 서비스하는데도 회선 이용료가 비쌌고, 오늘날과 같은 광고 수익모델이나 크리에이터는 상상하지 못했다. 유튜브는 설립 이후 몇 년간 전혀 수익을 내지 못했고, 2009년만 해도 1년에 4억 7000만 달러(6580억 원)라는 대규모 적자 상태가 개선되지 않았다. 이후 상황은 급반전됐다. 2010년부터 유튜브는 흑자로 돌아섰다. 세계 최대 동영상 공유 플랫폼이 됐으며, '돈 먹는 하마'로 불리던 오명을 떨치고 구글의 현금 지급기로 변신했다. 예상을 뛰어넘는 속도로 네트워크 기술이 발달하고 무선인터넷과 스마트폰이 대중화하고 모든 이의 생필품이 된 덕분이다.

또 다른 사례도 있다. 모토롤라는 일찍이 제2차 세계대전에서 군용 워키토키 사업으로 성공을 거둔 뒤 휴대전화 시장을 개척하며 시장을 주도해온 기업이다. 1990년대 말, 모토롤라는 위성전화 시스템으로 전 세계를 연결하는 이리듐 프로젝트를 야심 차게 시작했다. 선진국 고객 100만 명을 유치해서 위성전화 한 대를 3000달러씩에 팔고, 분당 이용료까지 받으면 이리듐 사업은 금세 수익을 낼 것이라는 전망 속에 통신위성들을 쏘아 올렸다. 예측대로 고객들의 모바일 통신 수요는 크게 증가했다. 하지만 이리듐 프로젝트는 처참하게 실패했다. 기술 발전에 따라 무선 네트워크 속도는 몇십

배, 몇백 배씩 빠르게 개선됐고 휴대전화 기지국 설치 비용
은 급격히 낮아졌다. 로밍 기술마저 발달하면서 통신위성의
가치는 크게 떨어졌다. 이리듐 사업은 결국 파산했고, 마찬가
지로 무선통신 기술의 빠른 변화 속도를 예상하지 못한 국내
SK텔레콤 등 사업 참여 기업들도 100억 달러(약 14조 원) 넘
는 투자금을 날릴 수밖에 없었다.

디지털 세계를 지배하는 두 원칙, 무어의 법칙과 멧칼프의 법칙

디지털 세계에서 흔히 볼 수 있는 이러한 현상의 밑바닥에
는 디지털 경제의 속성을 규정하는 중요한 두 원칙이 깔려
있다. 무어의 법칙과 멧칼프의 법칙이다. '무어의 법칙'은 컴
퓨터의 연산능력을 결정하는 반도체 성능이 약 24개월마다
두 배로 향상된다는, 인텔의 공동창업자 고든 무어가 1960년
대에 주창한 이론이다. '멧칼프의 법칙'은 네트워크의 규모
가 증가하면 그 가치가 사용자 수의 제곱에 비례한다는, 제
록스 팰로알토연구소에서 이더넷을 개발한 로버트 멧칼프가
정립한 이론이다. 사용자가 10명인 네트워크에서 연결 가능
한 노드는 10의 제곱이지만 100명인 네트워크에서 연결 가
능한 노드는 100의 제곱이 되기 때문에, 네트워크의 가치는
10배가 아니라 100배로 커진다. 팩스, 전화기, 소셜미디어처

럼 네트워크에 연결되는 사용자가 많아질수록 가치가 기하급수적으로 증폭된다는 '네트워크 효과'와 같은 의미다.

인공지능 시대로 오면서 이런 변화에 가속도가 붙었다. 미국 스탠퍼드대의 인간중심 인공지능연구소HAI가 매킨지 등과 공동으로 작성해 발표한 〈인공지능 인덱스 2019년 보고서〉에 따르면, 2010년대 들어 인공지능의 성능 향상 속도가 무어의 법칙보다 일곱 배나 빠른 것으로 분석됐다.[5] 인공지능의 성능 향상 속도는 2012년 이전까지는 무어의 법칙이 예측한 추세와 거의 비슷했다. 그런데 이후 가속도가 붙어 지금은 3.4개월에 두 배씩 늘어나고 있다. 2018, 2019년 인공지능의 성능을 2012년과 비교해보니 무어의 법칙대로였다면 개선 속도가 일곱 배에 그쳤을 테지만, 결과는 30만 배 향상으로 나타났다. 이에 따라 인공지능 알고리즘을 훈련시키는 데 드는 시간과 비용도 극적으로 단축됐다. 2018년 공개된 오픈AI의 GPT-1은 1억 1700만 개의 매개변수parameter(인공지능 모델을 정교화하는 데 필요한 세부적 변수 항목)를 활용했는데, 2019년 GPT-2의 매개변수는 15억 개로 늘었다. 2020년의 GPT-3는 1750억 개로 확대됐고, 2023년 GPT-4 매개변수는 공식적으로 공개된 정보는 없지만 1조 7000억 개 안팎으로 추정된다. 2025년 8월 출시된 GPT-5의 매개변수는 수조~수십조 개 규모로 추정되고 있다. 경쟁하는 구글의 제미나이 울트라는 매개변수가 1조 5600억 개 수준이다. 디지털과 인공지능 세상에서 미래를 예측하고 대비하기가 갈수록 어려워지고 있는 이유다.

체스 발명가가 요구한 소박한 보상

그렇다면 어떻게 대비해야 할까? 무어의 법칙과 멧칼프의 법칙이 함께 작용하는 디지털 경제는 지수증가적 변화가 지배한다. '1, 2, 3, 4, 5, 6, 7, 8, 9, 10…'처럼 일정한 양으로 늘어나는 것을 '산술적arithmetic 증가'라고 하고, '1, 2, 4, 8, 16, 32, 64, 128, 256, 512…'처럼 일정한 비율(두 배)로 늘어나는 것을 '지수적exponential 증가'라고 말한다. 지수적 증가의 의미를 알려주는 오래된 일화가 있다. 체스 발명에 얽힌 스토리다.

체스 게임은 6세기경 굽타 왕조 시대의 인도에서 시작됐다. 체스의 재미에 푹 빠진 된 왕은 체스 발명가에게 큰 상을 내리기로 했다. 체스 발명가는 체스판을 가리키며 소박해 보이는 소망을 말했고, 왕은 흔쾌히 들어주었다. 가로세로로 8칸씩으로 구성된 체스판의 64칸을 이용해 첫날에는 첫 칸에 쌀한 톨, 이튿날에는 둘째 칸에 두 톨, 사흘째 셋째 칸에는 네톨을 놓는 식으로, 하루에 한 칸씩 이동하면서 다음 칸에서 앞 칸보다 쌀알의 개수를 두 배로 늘려달라는 것이 체스 발명가의 요청이었다. 일주일이 지났지만 쌀알은 한 숟가락을 못 채웠고, 16일이 지나서야 가까스로 한 되를 채우는 수준이었다. 하지만 64칸의 절반쯤 남겨놓은 한 달이 지나자 하루치 쌀의 양이 1만 가마를 넘어섰다. 이후 증가량은 더 폭발적으로 늘기 시작했다. 체스 발명가가 요청한 대로, 한 톨에서 시작해 갑절 늘리기를 63번 하면, 1800경이라는 천문학적인 숫자가 된다. 인류가 유사 이후 지금까지 생산한 쌀을 모두 더한 것보다 많은 양이고 지구 표면적의 3분의 1을 뒤덮을 만한 양이다. 뒤늦게 파국을 깨달은 왕은 체스 발명가의 목을 베었다고 한다. 지수증가적 변화의 엄청난 결과를 알려주는 얘기다.

미국의 미래학자이자 발명가인 레이 커즈와일은 이러한 디지털의 지수변화적 속성을 주창하는 대표적 인물이다. 〈월스트리트 저널〉이 '21세기 에디슨'이라고 평한 커즈와일은 지난 30년간 147개의 미래 과학기술이 현실이 될 것이라고 예측했는데, 그중 126개가 적중했다. 전문가 대부분이 실패할 것이라고 전망한 인간게놈 프로젝트 완료를 비롯해 다양한 미래 예측에서 그는 86%라는 놀라운 적중률을 보였다. 그가 미래를 전망하는 주요한 도구는 '지수변화'라는 렌즈다. 커즈와일은 무어의 법칙에 따라, 컴퓨터의 성능 향상 속도가 최초의 컴퓨터 개발 이후 지수적 증가를 거듭했고 그 결과 인공지능이 인간의 지능을 능가하는 순간이 필연적으로 올 것이라고 주장했다. 그는 인공지능이 인간 지능을 능가하는 지점을 '특이점'이라고 지칭했다. 커즈와일은 2005년 저서 《특이점이 온다The Singularity is Near》에서 특이점이 당도하는 시점을 2045년이라고 예측했는데, 2024년 6월 저서《마침내 특이점이 시작된다The Singularity is Nearer》를 새로 펴내 특이점이 자신이 19년 전 예측한 것보다 1~2년 빠를 것이라며 시점을 앞당겼다.

지식 증가 곡선을 활용한 기업들의 부상

디지털 시대는 정보의 기본 단위를 0과 1의 이진수 형태로 구성하고 변환해, 기계적으로 처리할 수 있다. 기계에 의한 정보처리가 가능해짐에 따라 직접적으로 '무어의 법칙'의 영향을 받게 되었고, 결과적으로 지식의 양도 폭발적으로 증가했다. 미국의 미래학자이자 발명가인 버크민스터 풀러의 '지식 배가 곡선knowledge doubling curve'에 따르면, 20세기까지 인류의 지식 총량은 100년마다 두 배씩 증가해왔다. 이후 1900년대 들어 1945년까지는 25년마다 두 배로, 풀러가 숨진 1982년께는 1년마다 두 배로 지식 증가 주기가 단축되어왔다. 컴퓨터가 자체적으로 정보를 생산하고 처리하게 된 사물인터넷과 인공지능 환경에서는 단 며칠 사이에 정보가 두 배로 증가하고 있다.

정보와 지식이 폭발적인 속도로 증가함에 따라 기존의 정보와 지식의 가치가 반감되는 속도도 빨라지고 있다. 이는 정보의 지수적 증가를 활용하는 IT 기업들의 성장이 갈수록 뚜렷해지는 결과로 이어졌다. 2000년 글로벌 시가총액 상위 5대 기업은 제네럴일렉트릭, 마이크로소프트, 엑슨, 시티그룹, 월마트였다. 전자, IT, 에너지, 금융, 유통 등 업종이 다양했다. 하지만 2016년엔 애플, 알파벳, 마이크로소프트, 아마존, 메타 등 IT 기업 일색으로 바뀌었다. 2025년 8월 현재 시총 상위 10대 기업 목록에는 위의 빅테크 외에 엔비디아, TSMC, 브로드컴, 테슬라 등 반도체와 전기차 기업이 추가됐다. IT 기업 외엔 투자사인 버크셔해서웨이와 국영 에너지 기업 사우디아람코가 포함됐을 따름이다.

실리콘밸리의 연쇄 창업가이자 벤처투자자인 아짐 아자르는 《2040 위대한 격차의 시작Exponential》에서 지수증가적 기술의 구체적 기준을 제시한다. 고정비를 기준으로, 수십 년 동안 연간 10% 넘는 속도로 성능을 개선할 수 있으면 지수증가적 기술이다.[6] 연간 1%씩 복리로 증가하는 숫자가 두 배가 되려면 70년이 걸린다. 하지만 연간 10% 복리로 변화한다면, 해당 기술은 10년 만에 같은 비용으로 2.5배 강력해진다. 이런 속도로 몇십 년간 기술이 개선될 수 있으면, 체스판의 쌀알처럼 지수적 변화로 이어지게 된다. 이것이 오늘날 디지털과 인공지능 분야에서 일어나고 있는 변화이며, 이와 같은 지수적 기술 발전은 세계 경제와 산업의 지형을 어지러울 정도로 빠른 속도로 변모시키는 동력원이 되고 있다.

무어의 법칙은 수십 년간 잘 작동해왔지만, 2000년대 초반에 이르자 많은 엔지니어들은 무어의 법칙이 곧 한계에 부

닥칠 것이라고 전망했다. 반도체 칩 안에 더 많은 회선과 트
랜지스터를 넣는 형태는 물리적 한계를 피할 수 없기 때문
이다. 그러자 과학자들은 새로운 반도체 설계 구조와 데이터
처리 방식을 개발하며 돌파구를 만들어냈다. 평면이던 반도
체 설계를 3차원으로 바꿔 적층형 구조를 구현했고, 데이터
병렬처리에 뛰어난 그래픽칩을 사용해 컴퓨터 성능을 개선
하며 무어의 법칙을 지속시켰다. 앞으로는 양자컴퓨팅이 칩
소형화 기술의 한계를 뛰어넘을 돌파구가 될 것으로 예측되
고 있다.

세차장 산업과 껌 매출의 하락 원인

지수적 증가는 앞으로 우리의 사고방식에서 기존의 관행
과 특정 영역 위주의 관점을 벗어나야 함을 알려준다. 특정
분야의 기술 개선에 국한해서는 지수적 변화의 도래나 파장
을 제대로 볼 수 없기 때문이다. 중요한 것은 초기엔 지수적
변화가 한정적으로 일어나지만, 이는 곧이어 사회와 산업
전 영역으로 확산되어 파장의 범위나 강도를 예상하기 어
렵게 만든다는 점이다. 지수증가적 변화의 시대를 살아가는
모든 사람에게 융합적이고 거시적인 사고방식이 절실해진
까닭이다.

인공지능 연구는 오래전부터 시작되었지만, 사람들의 시

선과 관심이 집중되기 시작한 것은 최근 몇 년 사이의 일이다. 1956년 여름, 미국 동부 다트머스대학 컨퍼런스에서 인공지능 연구의 개척자인 마빈 민스키, 존 매카시 등 컴퓨터공학자들이 인공지능의 미래를 제시했다. 당시 인공지능은 장밋빛 미래를 그리며 언론의 스포트라이트를 받고 화려하게 등장했지만, 이후 수십 년간 인공지능 기술은 몇 차례 '겨울'로 불리는 침체기를 겪었고 산업과 투자 분야에서 주류가 되지 못했다. 2012년에 와서 반전이 일어나는데, 제프리 힌턴 토론토대 교수팀의 딥러닝 연구를 분수령으로 인공지능 연구·개발 부문이 다시 폭발적으로 성장하게 됐다. 특히 최근 생성 인공지능 시대가 열린 데에는 엔비디아의 그래픽칩을 기반으로 한 AI 전용 반도체가 제공한 강력한 컴퓨팅 능력도 한몫했다. 거기에다 각 분야의 기술들이 상호작용하고 융합적으로 발전한다는 것이 오늘날 지수적 기술 변화를 만들어내는 또 하나의 주된 요인으로 여겨지고 있다.

특정 기술이 다른 영역의 기술이나 필요와 결합하게 되면 전개 방향과 파급 효과를 예측하기 어렵다. 다양한 용도로 활용 가능한 기술을 '범용 기술'이라고 말한다. 인쇄 기술, 증기기관, 전기, 반도체, 인터넷, 무선통신 등이 대표적인 범용 기술이다. 이런 범용 기술은 개발 단계나 초기 사용 시점에서는 전혀 예상하지 못했던 변화를 사회에 가져온다. 가령, 이런 흥미로운 사례들도 있다.

2010년대 아르헨티나의 수도 부에노스아이레스에서는 세차장 업계 매출이 10년 새 50%나 줄어드는 현상이 보고됐다.[7] 세차장 매출 감소 원인을 제대로 파악한 사람은 없었다. 석 달 넘게 연구가 이뤄졌다. 아르헨티나의 중산층은 성장 중이었고, 고급 차량 판매는 꾸준히 증가세였다. 깨끗한 차를 과시하고 싶은 사람들이 줄어들었을 리 만무한데 오히려 세차장 매출은 줄어들었다. 세차장이 늘어나지도 않았고 새로운 환경보호 규제가 도입되지도 않았다. 그러다 우연히 원인을 발견했다. 10년 새 일기예보의 정확성이 50%나 개선된 것이다. 비가 올 확률을 정확하게 알게 된 운전자들은 세차를 미루는 일이 잦았다. 세차 횟수가 줄어든 진짜 이유였다. 일기예보 정확도가 올라가면서 기술 발전과 전혀 관계없을 것 같던 업계(여기서는 부에노스아이레스의 세차장)가 심각한 타격을 입은 것이다.

2007년부터 10년 동안 미국에서 껌 매출은 15% 하락했다.[8] 2007년 등장한 아이폰의 영향 때문이었다. 미국에서 껌 판매 매출의 상당 부분은 고객이 마트 계산대에서 차례를 기다리는 동안 근처 매대에 진열된 상품을 집어 들면서 발생했다. 그런데 아이폰 보급 이후 사람들은 계산대에서 기다리는 동안 더 이상 주변을 기웃거리거나 지루해하지 않았다. 스마트폰을 들여다볼 따름이었다.

한편 모든 사람이 범용 기술을 쓰게 되면서 다양한 분야에서 기상천외한 방법으로 응용하려는 시도와 성공 사례들도 생겨난다. 1970년대 냉전 시기 미국에서 개발된 인터넷은 군사용·학술 목적의 통신망으로 출발해 초기에는 전문가들의 정보 공유 플랫폼으로 활용됐다. 하지만 이후 월드와이드웹(www)과 웹브라우저가 개발돼 누구나 손쉽게 인터넷에 접근할 수 있게 되면서, 인터넷은 현대 사회의 모습을 완전히 바꾸는 거대한 플랫폼이 됐다. 온라인상에서 전자상거래, 게임, 오락, 동영상 등 다양한 영역의 신규 서비스와 기술 개발이 이어졌다. 또한 인터넷을 활용한 피싱, 로맨스 스캠, 가짜뉴스, 딥페이크, 정치 선동과 같은 신종 사기 범죄와 디지털 의존증 같은 과거에 상상하지 못하던 부작용도 생겨나고 있다. 또 다른 범용 기술인 무선통신도 개발 초기엔 보도, 전쟁, 항해, 긴급구조 등의 공공 목적 또는 사회 인프라 차원에서 활용될 것으로 기대됐고, 휴대전화 또한 사업이나 긴급한 업무를 위한 용도에 한정될 것으로 예상됐다. 하지만 휴대전화는 오늘날 모든 사람이 다양한 용도로 이용하는 인공 생명줄 같은 역할을 하고 있다. 이제는 인공지능이 우리 시대의 범용 기술로 자리 잡으며 사회 대부분의 영역에서 전에 없던 변화가 생겨나는 중이다. 특히 인공지능 기술은 누구나 손쉽게 사용할 수 있고 다양한 영역에 적용될 수 있는 게 특징이라서, 이 기술로 인해 어떠한 변화가 전개될지를 예측하는 게 거의 불가능에 가깝다.

지수증가적 기술 발전은 빠른 속도로 새로운 제품을 만들어내고 성능을 개선한다. 하지만 그보다 중요한 것은 새로운 기술과 제품, 성능 개선이 예상하기 어려운 영역에서도 변화를 불러온다는 점이다. 예측 불가능한 상황에 대비하려면 새로운 지식과 정보를 유연하게 학습하며 거시적이고 융합적인 시야를 갖도록 훈련해야 한다.

"인류 최대의 약점은 지수함수를 이해하지 못하는 것"

이러한 지수증가적 변화 상황에서는 특정한 상황이나 시점에 최적화된 '고정형 사고'가 위험할 수 있다. 특히 고정형 사고방식과 행동 패턴이 과거에 성공 경험이나 효율성을 가져온 것일 때는 더욱 위험하다. 기업 경영과 군사 전략에서 널리 알려진 사례들이 있다.

세계 필름 시장을 지배하던 코닥필름은 세계 최초로 디지털 카메라를 개발했지만, 오히려 디지털 카메라 때문에 파산한 기업이다. 코닥은 디지털 카메라가 등장해도 사람들은 여전히 필름으로 사진을 찍고 인화하는 관행을 버리지 않을 것이라고 오판했고, 기존의 수익구조를 지키는 데 주력했다. 그 결과 변화된 시장에 소극적으로 대응하다 사업 전환의 기회를 놓쳤다. 노키아와 블랙베리도 뛰어난 기술력으로 각각 피처폰 시장과 스마트폰 시장을 지배한 기업이었지만, 기존에 성공을 가져온 사고방식에서 벗어나지 못했다. 터치식 스마트폰인 아이폰이 가져온 빠르고 거대한 변화에 두 기업은 제대로 대응하지 못하고 시장에서 사라졌다. 해당 분야에서 최고의 기술력으로 큰 성공을 거둔 경험이 고정형 사고방식을 갖게 만들어, 예상치 못한 빠른 변화가 닥쳤을 때 오히려 족쇄로 작용했다.

프랑스의 마지노 요새는 세계 전쟁사에서 가장 어이없는 실패의 사례로 꼽힌다. 마지노 요새는 제1차 세계대전 이후 독일의 침공을 대비해 프랑스가 독일과의 국경에 건설한 난공불락의 콘크리트 방어선이다. 프랑스 육군은 참호전으로 치러지며 엄청난 인명 피해를 낸 제1차 세계대전의 비극을 되풀이하지 않기 위해서 독일과의 국경 전체에 마지노 요새(마지노 선)를 건설했지만, 제2차 세계대전 당시 독일의 침공을 막아내는 데 전혀 기능하지 못했다. 제1차 세계대전 이후 30여 년 동안 탱크와 전투기 기술이 발달하면서 제2차 세계대전은 참호전이 아닌 전차를 동원한 전격전 형태로 진행됐다. 독일 전차군단은 마지노 선을 우회해 벨기에를 넘어 프랑스를 침공한 것이다.

하지만 사람이 지수상승과 같은 빠른 속도에 적응하며 대응하기란 지극히 어려운 일이다. 인류는 한 번도 이러한 환경을 경험하지 못하며 살아왔기 때문이다. 미국 콜로라도대학의 물리학자 앨버트 바틀릿은 콜라병이라는 한정된 공간으로 들어온 박테리아를 가정하며 진행한 사고실험을 통해 이를 설명한다.[9]

박테리아 나라의 탐험가들이 미개척지인 콜라병을 발견했다. 콜라병 안으로 이주한 용감한 박테리아 탐험가가 처음엔 두 마리였지만 1분마다 분열해 두 배씩 늘어난다고 가정해보자. 박테리아들이 11시 정각에 이주를 시작해 분열을 거듭하면 결국엔 콜라병 하나를 꽉 채우게 되고 더 이상 분열할 수 없어 모두 사멸하는 순간이 닥친다. 이때를 1시간 뒤인 12시 정각이라고 하자. 여기서 바틀릿은 질문을 던진다. "신개척지인 콜라병 안에서 가장 선견지명 있는 박테리아는 언제쯤 자신들의 미래를 고민하기 시작할까?" 박테리아 지도자들은 12시가 되기 2분 전인 11시 58분까지도 자신들의 세계가 곧 끝날 것이라는 사실을 알 수 없다. 콜라병 공간이 4분의 3이나 남아 있기 때문이다. 다시 1분이 지나 콜라병 공간이 반으로 줄었을 때도 "우리가 59분이라는 오랜 기간을 살아왔지만, 아직 공간의 절반밖에 사용하지 않았다"라고 낙관할 것이다. 1분 뒤 한 번만 더 분열하면 파국이 닥치는데, 그 직전까지 앞으로 벌어질 상황을 예상하지 못한다는 것이다.

바틀릿은 인간이 시간을 개념화하고 측정할 수 있는 뛰어난 능력을 지녔지만, 지수증가적 위기 상황에 대처하기는 어렵다고 말한다. 바틀릿이 "인류 최대의 약점은 지수함수를 이해하지 못하는 것"이라고 주장하는 이유다.

"서서히, 그러다가 갑자기"

기술은 물론, 기술 외부의 영역에서도 기하급수적 변화가 만들어지고 있다. 2020년 초 각국에서 코로나19 감염자가 기하급수적 규모로 폭증한 경우나, 2022년 11월에 출시된 챗GPT가 두 달여 만에 월 사용자 1억 명에 도달한 경우가 그렇다. 역사상 유례없는 속도로 감염병과 AI 서비스가 빠르게 확산된 사례다. 일찍이 없던 기하급수적 스케일의 변화가 오늘날 곳곳에서 일어나고 있다. 더욱이 반도체, 딥러닝 알고리즘 등 컴퓨팅 기술이 지속해서 발달하고 인공지능이 범용 인공지능으로 진전하는 데다 네트워크 효과까지 겹쳐지면서 예상 밖 영역에서 기하급수적 변화 사례는 점점 늘어날 전망이다.

블룸버그NEF에 따르면, 태양광 전지판으로 전기 1와트를 생산하는 비용은 1975년 약 100달러였는데, 2019년에는 23센트 이하로 떨어졌다.[10] 44년 만에 500분의 1로 떨어진 셈이다. 2009년부터 2019년까지 10년 동안 태양광 발전 비용은 89% 하락했다. 같은 기간 풍력발전 생산비도 70%가 낮아졌다. 인체 유전자 염기서열 구조를 밝혀내는 인간 게놈프로젝트는 2000년 6월 완료됐는데, 여러 후속 작업까지 포함할 경우 약 5억~10억 달러가 들어간 것으로 추정된다. 첫 번째 인간 게놈 분석에는 약 1억 달러가 들어갔지만, 이후 게놈 시퀀싱과 정보처리 기술 발달이 효율적으로 결합하면서 20년간 해마다 분석 비용이 50%씩 절감되었다. 무어의 법칙을 훌쩍 뛰어넘는 규모와 속도다.

기술이 기하급수적으로 발전하고 영향의 범위가 확대되

는 현상은 반도체 집적도나 컴퓨팅 능력 등 특정한 기술 때문만이 아니라, 범용성으로 인해 다양한 분야에서 활발한 상호작용이 일어난 결과이기도 하다. 지수상승적으로 변화하는 미래의 기술 발전에 대해 매우 정확하게 예측을 해온 레이 커즈와일은 기술 발전이 가져오는 '긍정적 피드백positive feedback' 고리를 강조한다. 반도체 칩이나 자동차 기술 등 특정 영역에서 시작된 기술이 시간이 지남에 따라 연관된 다른 기술들과 상호작용하고 서로 긍정적인 피드백을 주고받으면서 특정 기술 영역의 한계를 뛰어넘는 가속도와 지수상승적 변화로 이어진다는 주장이다.

"서서히, 그러다가 갑자기Gradually, then suddenly." 어니스트 헤밍웨이의 소설 《태양은 다시 떠오른다》에서 등장인물 마이크 캠벨이 "어떻게 파산하게 됐느냐"는 질문에 답하는 문장이다. 헤밍웨이가 사실적으로 관찰해 본질을 간명하게 압축한, 파산이 진행되는 과정에 대한 묘사다. 오랜 기간 서서히 점진적으로 진행되어온 상황을 처리하고 대비하던 방식으로는 기하급수적 변화를 감당할 수 없다. 아무리 꾸준히 대응하고 치밀하게 준비해왔더라도, 어느 순간 손쓸 겨를도 없이 갑작스럽게 파산이나 파국으로 치닫는 상황을 보면 이러한 기하급수적인 변화가 진행되고 있었던 경우가 많다.

저금리일 때 3~5년짜리 예적금의 단리와 복리 간 차이는 크지 않다. 하지만 이자율이 10%가 넘고 저축 기간이 길다면 그 차이는 상당하다. 이자율이 10%일 때 월 10만 원씩

30년 적금을 불입하는 경우를 예로 들어보자. 불입 원금은 3600만 원으로 같지만 단리일 경우엔 원리금이 9015만 원, 복리일 때는 2억 2793만 원으로 차이가 벌어진다. 24개월 만에 반도체의 집적도가 두 배로 된다는 무어의 법칙은 매년 40% 이자가 계속 복리로 증가한다는 걸 의미한다. 30년간 매년 40%로 지속해서 증가했다면, 애초의 3만 2000배가 된다.

인간이 그 속도와 범위를 인지할 수 있는 차원을 넘어서는 탓에 사람들은 이러한 지수증가적 변화에 대해 과소평가하는 경향을 지닌다. 미국의 미래학자 로이 아마라가 "우리들은 가까운 미래에 닥칠 변화를 과대평가하고 장기적으로 닥칠 변화를 과소평가하는 경향이 있다"고 말한 대로다.[11]

연구에 따르면, 사람들이 지수상승적 변화를 일상적으로 경험한다고 해서 지수증가적 증가를 과소평가하는 경향이 사라지지도 않는다.[12]

왜 사람들은 지수상승적 변화의 힘을 과소평가할까?

지수상승적 변화는 점점 더 다양한 영역에서 더 빠른 속도로 확산되고 있지만, 사람들은 이러한 변화의 영향력을 체감하거나 제대로 이해하지 못한다.

왜 이런 일이 벌어질까? 인류가 이제껏 살아오면서 경험한 대부분의 변화 과정이 점진적이고 선형적이었기 때문이다. 진화생물학에 따르면, 약 35만 년 전 출현한 현생인류가 지금까지 살아온 기간은 구석기 시기가 98% 이상이다. 농경과 도구가 발달하기 시작한 신석기 문명이 출현한 시점은 겨우 1만여 년 전이다. 진화에서 5000~6000년은 인류의 본능과 인지구조가 새롭게 배선되어 유전자에 자리 잡기에 턱없이 짧은 기간이다. 현대인의 감정 체계와 사고방식을 구성하는 본능은 대부분 구석기 시대에 형성된 이후 거의 달라지지 않았다. 현대인들은 이처럼 변화하는 최신 기술과 서비스의 적극적 사용자가 되어 잘 적응하고 있는 것처럼 보이지만, 여전히 정서와 사고는 구석기 시절에 형성된 본능의 영향을 받는다. 진화생물학, 인지심리학에서 현대인을 '양복 입은 구석기인'이라고 일컫는 이유다.[13]

지수상승적 변화와 현상이 일상의 풍경이 된 것은 디지털 정보기술이 등장한 최근의 일이다. 사람은 언제나 봄, 여름, 가을, 겨울을 차례대로 지나면서 싹이 트고, 꽃이 피고, 열매 맺은 뒤 낙엽이 지고, 눈이 덮이는 것을 보면서 살아왔다. 누구나 태어나면 하루도 건너뛰는 일 없이 한 살, 두 살, 세 살을 지나 성인이 되고 늙어간다. 걸을 때는 물론이고, 버스와 열차를 이용할 때도 노선 위의 정거장을 차례차례 지나는 형태로 이동했다. 자연환경과 사회환경은 순차적이며 선형적으로 변화한다. 이처럼 사람은 생물학, 물리학 등을 배우며 순차적으로 변화하는 자연현상에 적응했고, 선형적으로 사고하는 세계 모델을 머릿속에 장착시켰다.

더욱이 인류는 선형적 변화가 반복되는 자연현상을 이해하고 대비하기 위해 지극히 선형적이고 고정적인 사고모델을 만들어냈다. 각종 사회 규범과 법률, 교육체계, 영리·비영리 기업 및 정부·비정부 기구 등 다양한 형태의 제도와 조직 모두 이러한 방식으로 만들어졌다. 이는 사람들이 사회를 이루고 운영하기 위해 만들어낸 것들로, 대부분 선형적 사고에 기반하고 있다. 더욱이 이러한 사회 제도와 조직들은 불안한 미래를 대비하고 통제하기 위한, 일종의 예측 모델이다. 알 수 없는 불안한 미래를 통제하고 예측하기 위해 선형적 모델을 만들어내고, 그 예측 모델을 신뢰하거나 의존하면 미래를 예측할 수 있다고 여기게 된다. 그러한 선형적 예측 모델은 그것이 적합한지, 또는 실제로 기능하는지는 중요하지 않다. 그것과는 별개로, 미래를 불안해하는 사람들에게 충분한 설명력을 제공할 수 있으며, 이는 사회에서 권력과 권위 등 유·무형의 자산을 획득할 수 있는 수단이 된다.

규범의 역할은 "사회적 안정성 유지"

법률과 제도, 그리고 유·무형의 규범은 사회의 안정성을 유지하는 데 기본적이고 중요한 역할을 한다. 법률은 앞으로 발생할 사회 현상을 예상해 미리 제정될 수 없고, 사회 변화를 즉각적으로 반영해 수시로 변경될 수 있는 것도 아니다.

오히려 그 반대다. 법률과 규범은 대부분 사후적이고, 한 번 만들어지면 웬만해서는 변화되지 않는다. 특정한 사회 현상이 일시적이지 않고 지속적이거나 비슷한 사례가 계속해서 반복될 때 비로소 법률 제정이나 개정의 필요성이 제기된다.

법률과 규범은 기본적으로 사회 질서를 형성하고 사람들에게 행동 기준을 제시하는 역할을 하기 때문에 안정성과 신뢰성이 핵심이다. 법률이 수시로 변경되거나 생겨났다가 사라지게 되면 안정성과 신뢰성이라는 법률 고유의 역할을 할 수 없다. 실제로 입법 필요성이 생겨도 입법 청문회, 여론 수렴, 법안 심사 등 정치적 논의 절차를 거쳐야 하기 때문에 법률은 만드는 과정 자체가 복잡하고, 결과적으로 사회 체제가 안정성을 갖게 된다. 영국의 사회학자 앤서니 기든스는 "제도는 무엇보다 오래 유지되는 사회생활의 특징"이라고 말했다.[14]

우리가 의존하는 디지털 기술과 서비스는 지수 곡선의 커브를 그리며 점점 더 빠르게 변화하고 있지만, 사회 제도와 조직은 태생적으로 빠른 대응이 불가능하다. 이는 일찍이 1922년 미국의 사회학자 윌리엄 오그번이 《사회변동론》에서 '문화 지체Cultural Lag' 이론으로 개념화한 바 있다. 오그번은 기술 발달을 포함한 물질문화가 급속하게 변화하지만 이를 수용하는 제도, 관념, 가치관 등 비물질문화는 빠르게 적응하지 못해서 생기는 부조화 현상을 '문화 지체'라고 설명했다.

문화 지체 현상은 지수변화 속도로 발전하는 21세기 디지털 환경에서 한층 심각한 문제가 됐다. 기존의 문화 지체 현상과 디지털의 기하급수 변화로 인한 변화상은 물질문화와 비물질문화 사이의 진행 속도 차이로 인해 생겨나는 격차라는 점에서 유사하다. 하지만 차이점이 있다. 무엇보다 '문화 지체' 현상은 '지체'라는 말에서 보듯, 그 차이를 따라잡는 것이 불가능할 정도는 아니라는 걸 의미한다. 그러나 디지털 시대에 지수곡선의 가파른 기울기로 변화하는 기술 발전과, 안정성을 추구하는 사회 규범 간에 생겨나는 격차는 사회적으로나 개인적으로나 따라잡는 것이 거의 불가능하다.

그렇다면 디지털 시대에 사는 우리가 빠르고 광범한 변화에 현명하게 대응하는 방법은 무엇일까? 무엇보다 현재 의존하고 있던 사고의 틀과 관행에서 벗어나야 한다. 지금까지 모범답안 또는 효율적 방법이라고 간주되어온 통념과 상식을 의심하는 것이 먼저다. 지수증가 법칙이 지배하는 인공지능 세상은 고체 상태가 아니라 액체 상태에 가깝다. 항상 빠르게 변화하고 유동적인 상태여서, 불안정성이 기본 특징이다. 수시로 변화하는 상황에서는 안정적이고 효율적인 해결책이 존재하지 않는다는 것을 인정하고 모든 게 끊임없이 변화한다는 걸 받아들여야 한다. 이와 같은 '판타 레이' 세상*에서는 일시적이고 가변적인 것을 안정적이거나 지속하는 것

—

* '판타 레이'에 대한 설명은 3장 〈언러닝〉 중 '소유 가치에서 사용 가치로' 참조.

으로 생각하는 것이 지극히 위험하다.

　누구나 익숙한 기존의 틀과 고정관념을 벗어나는 것은 불안하고 두려운 일이다. 이런 환경에서는 익숙하지 않은 생각과 경험을 받아들이고 새로운 것에 도전하는 유연하고 개방적인 태도가 필요하다. 구체적 실천 방법은 크게 두 가지다. 하나는 낯선 생각과 관점을 유연하게 수용하는 방법이다. 이는 자신과 다른 관점과 경험을 지닌 사람을 적극적으로 만나고 경청하는 태도다. 낯선 사고와 경험을 두려워하기보다 적극적으로 그들과 접촉하고 수용하고자 할 때 역발상과 융합적 사고가 비로소 가능해진다. 큰 성취를 이룬 사람과 조직을 살펴보면 흔하게 발견되는 태도다.

　《종의 기원》을 펴내 인류가 생각하는 방식에 혁명적 전환을 가져온 찰스 다윈이 대표적 인물이다. 다윈은 평생에 걸쳐 자신의 이론을 의심하거나 비판하는 학자들의 견해를 경청하고 적극 수용한 것으로 유명하다. 그는 생전에 2000여 명의 인물들과 1만 4500통이 넘는 편지를 주고받으며 논쟁과 질문, 비판을 일일이 검토하고 자신의 이론을 보강하거나 개정하는 데 적극적이었다. 1859년 《종의 기원》을 출간한 뒤에도 다른 사람들의 반박, 보완 의견을 겸허하게 수용하여 여섯 차례 개정 작업을 거치며 자신의 견해를 계속 발전시켜 나갔다.

　두 번의 노벨상을 받은 마리 퀴리도 자신의 연구와 어긋나는 실험 결과나 동료 과학자들의 비판을 경청한 과학자다.

퀴리는 동료 학자들과 지속적으로 소통하고, 타인의 데이터
와 해석에서 배움을 얻고자 했으며, 반대 의견일수록 귀 기
울여 연구 방법을 개선했다. 미국의 제16대 대통령 에이브러
햄 링컨도 자신과 정치적 견해가 다른 경쟁자, 심지어는 정적
까지 내각에 등용하여 다양한 의견을 수용했다. 이러한 유연
한 태도로 링컨은 내전인 남북전쟁을 승리로 이끌었으며, 미
국을 하나의 국가로 통합하는 데 뛰어난 리더십을 보여줬다.

조선 왕조가 세계 왕조 역사상 유례가 드물게 500년 넘게
유지될 수 있던 비결은 최고 권력자인 왕의 생각과 다른 의
견도 수용하는 장치가 마련된 덕분이라는 해석이 널리 받아
들여지고 있다. 사헌부, 사간원, 홍문관 등의 조직은 신하들
이 왕의 결정과 국정을 비판하고, 시시비비를 따질 수 있도
록 하는 제도적 장치였다. 유생들의 상소와 백성들의 신문고
도 비슷한 기능을 했다. 듀폰, IBM 등의 글로벌 기업들은 주
요 의사 결정 단계에서 비판적 관점으로 검토하는 '레드팀'
조직을 운영해 뛰어난 성과를 거두고 있다.

고정관념에서 벗어나는 또 하나의 방법은 직접 뛰어들어
체험을 통해 배우는 길이다. 가장 효과적이고 빠르게 작동하
는 방법이다. 아무리 오랜 시간 이론적으로 교육을 받았어도
바뀌지 않던 고정관념이 실제 몸으로 경험을 하게 되면 쉽게
달라지는 경우가 많다. 이를 활용한 게 체험 학습이다. 장애
인이나 성별 역할에 대한 인식을 개선하기 위해서 휠체어나
눈가리개로 시각장애인 이동 체험을 하거나, 성별을 바꾼 역

할극에 참여한 뒤에 고정관념이 현저히 줄어드는 사례는 반복된 연구로도 확인됐다. 체험을 통해서 고정관념과 기존의 인식을 쉽게 바꿀 수 있다는 사실은 급격한 변화가 지속적으로 일어나는 인공지능 환경에서 더욱 유용하다. 직접 체험을 통해 인식을 개선하려는 사람은 불확실한 상황에 뛰어드는 시도를 꺼리지 않는다. 성공 여부가 불확실하고 실패할 가능성이 높은 상황이라도, 도전적 시도를 통해서 빠르게 학습하려는 태도다.

가장 효과적인 학습법, 실패해보기

실제로 미국 실리콘밸리 정보기술 기업에서는 '빠른 도전과 실패를 통한 학습' 전략이 널리 통용된다. 페이스북의 창업자이자 CEO인 마크 저커버그는 '과감하게 도전해 빠르게 실패하기'를 모토로 내걸고 인재를 모으고 기업을 빠르게 성장시킨 대표적 인물이다. 저커버그는 2012년 페이스북 기업 공개 때 "해커의 길을 걷겠다"고 투자자들에게 뜻밖의 포부를 밝히며, 해킹의 원래 의미가 "뭔가를 재빨리 만들어내거나 시험해보는 것"이라며 "끊임없는 개선과 재시도에 몰두하는 태도"가 해커 정신이라고 설명했다.[15]

정형화된 성공 모델이 없고 변화가 빠른 인터넷 서비스에서는 실행을 머뭇거리는 대신 과감하게 아이디어를 실행해

보고 실패를 통해 빠르게 학습하는 것이 무엇보다 효과적일 수 있으며, 이는 페이스북만이 아니라 많은 정보기술 기업들의 기업 철학이자 서비스 방침이 되고 있다.

혁신 기업들의 산실 실리콘밸리에서는 실패가 격려받는 독특한 문화가 자리 잡았다. 디지털 경제는 혁신과 창업을 통해 성장했지만, 벤처기업이란 말이 보여주듯 스타트업의 성공 확률은 매우 낮다. 스타트업 대부분은 실패로 이어지고, 오늘날 빅테크 기업과 성공 기업들도 여러 차례 실패를 통해 학습해서 지금의 위치에 선 것이다. 실리콘밸리의 벤처캐피털은 실패해보지 않은 창업자에게는 투자하지 않는다는 말이 있을 정도로, 실패 경험을 가치 있게 여긴다. 실제로 창업자들은 평균 2.8번의 시도 끝에 성공을 거둔다는 조사 결과가 있다. 실리콘밸리에서는 실패를 격려하는 수준을 넘어, 널리 공유하고 배우는 문화가 발달해 있다. 2009년 이후 샌프란시스코에서 매년 열리고 있는 실패박람회 '페일콘FailCon'이 대표적이다. 페일콘의 목표는 실패를 모두의 학습 자산으로 바꾸는 것이다.

테슬라와 스페이스X의 창업자이자 세계 최고 부자인 일론 머스크는 실패를 통한 학습으로 오늘의 자리에 오른 사람이다. 스페이스X는 지난 20년간 놀라운 성과를 이뤘다. 발사 뒤 회수해 재사용하는 로켓을 개발하고, 가장 많은 상업 위성을 궤도 위에 올려놓았으며 2020년엔 민간기업 최초로 유인우주선을 발사했다. 국가적 차원에서 거대한 자원이 투입되던 우주개발에서 벗어나, 민간기업이 우주개발 산업을 주도하는 뉴스페이스 시대를 연 기업이다. 그런데, 2002년 설립된 스페이스X는 초기에 로켓 발사에 연거푸 실패하면서 머스크가 투자한 자본을 다 써버렸고 기업은 존폐 위기를 맞았다. 스페이스X 최초의 로켓 팰컨1은 2006년, 2007년, 2008년 매년 발사를 시도했지만 모두 실패했다. 하지만 로켓 발사엔 실패했지만, 스페이스X는 실패 때마다 소중한 지식과 노하우를 학습했고 마침내 2008년 9월 네 번째 발사를 멋지게 성공하며 완전히 새로운 국면으로 진입했다. 스페이스X에서는 빠르게 실패하는 게 처음부터 하나의 옵션이었다. 이들은 초기 모델을 빨리 개발해 시험한 다음, 결함을 발견하면 설계를 수정하는 전략으로 로켓 기술을 발전시켰다. 스페이스X는 2024년 10월 화성으로 보낼 초대형 발사체 '스타십'을 쏘아올린 뒤 로봇팔을 이용해 1단계 추진체를 회수하는 데 성공하며 우주개발의 새 장을 열었다. 이 또한 잇단 실패 뒤 다섯 차례 만의 성공이었다. "실패가 빠를수록 더 빠르게 배운다Fail fast, learn faster"는 스페이스X의 핵심 기업 철학이다.

지수상승적 변화가 특징인 디지털 경제에서 실패의 가치는 더욱 주목받고 있다. 디지털 경제에서는 기술 발전과 소비 변화가 너무나 빨라 전통적인 방식으로는 대응하기가 어렵기 때문이다. 출시 전 오랫동안 연구개발, 시장조사를 거친 뒤 처음부터 완벽한 제품을 내놓는 전략이 성공하기 어려운 환경이다. 오히려 새 서비스와 제품을 빠르게 출시하고 고객 반응을 살핀 뒤 성능과 서비스를 향상해야 한다. 그럴 수 없으면 제품 개발과 판매를 중단해야 한다. 개발과 판매 과정에서 빠른 시도와 실패는 과거와 비교할 수 없이 효율적 인 학습 방식이자 적응 태도가 되고 있다.

지금까지 살펴본 것처럼, 예측이 불가능해지는 지수변화 시대에 적응하기 위해서는 의도적으로 낯선 관점과 경험을 수용하는 것과 직접 뛰어들어 실패를 학습의 수단으로 삼는 전략이 있다. 이러한 두 가지 전략을 실행하고자 하면 피할 수 없는 과정이 있다. 지금까지 축적하고 의지해온 자신의 지식과 노하우를 낡은 것으로 여기고 '새로 고침'을 하는 과 정이다. 인공지능과 달리 유한한 용량의 두뇌를 지닌 사람이 지식과 관점, 경험을 무한히 쌓을 수는 없다. 낡아서 쓸모없 어진 정보를 새롭게 업데이트해야 한다. 이를 위해서 필수적 인 과정은 '학습을 위한 비움'이다. '언러닝 Unlearning'이라고 불리는 '비움학습'이 그것이다.

언러닝

21세기 정보화시대를 누구보다 정확하게 예견한 미래학자 앨빈 토플러는 미래 사회를 살아가기 위해 필요한 능력을 일찌감치 정의했다. 토플러는 이미 반세기 전인 1970년 펴낸《미래 쇼크》에서 "21세기의 문맹은 읽고 쓰지 못하는 사람이 아니라 배우고learn, 배운 것을 지우고unlearn, 다시 학습relearn하지 못하는 사람들이 될 것"이라고 말했다.

지식정보사회에서 변화가 빨라짐에 따라, 배움은 학창 시절처럼 인생의 특정한 시기에 국한된 게 아니라 상시적이고 필수적인 생존 활동으로 바뀌었다. 아무리 명문대 졸업장과 학위, 인기 높은 자격증을 소유했어도 새로 생겨난 지식과 기술을 배우지 않으면 적응과 생존이 어려워지는 세상이 되었기 때문이다. 반면, 출생과 성장 과정에서 특출날 것 없는 평범한 사람이라도 새로 생겨나는 지식과 정보를 효과적으로 배우고 재학습하는 능력을 갖춘다면 얼마든지 강력한 개인이 될 수 있는 세상이기도 하다.

망각과 언러닝의 차이

정보사회에서 계속해서 새로운 지식과 정보를 '학습', 그리고 '재학습'해야 한다는 것은 누구나 알고 있는 사실이어서 새삼 강조할 필요도 없다. 그런데 토플러가 강조한 '언러닝unlearning'의 경우는 개념이 전혀 다르다. 언러닝은 단지 "학습하지 않음"이라는 의미가 아니다.《옥스퍼드 영어사전》은 'unlearn(언런)' 항목에 대해 "(이전에 배운) 지식을 잊거나 포기하다; 특히 (바람직하지 않다고 생각되는 것을) 마음에서 지우다"라고 풀이한다. 언러닝은 배우지 않음이 아니라 학습한 것, 알고 있는 것을 의도적으로 지우거나 포기하는 행위를 말한다.

망각과 언러닝은 구별된다. 망각은 사람이 의식하지 못하는 가운데 뇌에서 저절로 일어나는 수동적이고 자연스러운 생리현상이지만, 언러닝은 인지 주체의 적극적이고 의도적인 인지 활동이다. 낡아서 더 이상 적절하지 않게 된 정보와 관점을 새로운 지식과 관점으로 대체하기 위한 능동적 행위이다.

　사람은 특정 정보를 선택적으로 기억하는 활동을 효과적으로 할 수 있다. 의도에 따라 학습하는 능력이다. 하지만 사람이 학습 능력과 반대되는 활동을 의도적으로 한다는 것은 쉽지 않다. 낚싯줄은 감았다가 같은 방식으로 풀어낼 수 있지만, 사람 뇌는 무엇인가를 학습할 때와 같은 방식으로 망각하거나 지워버릴 수 없다. 컴퓨터 메모리는 특정 정보를 입력하는 것처럼 삭제도 선택적으로 할 수 있지만, 인간은 특정 정보나 관점을 선택적으로 지우는 게 거의 불가능하다. "코끼리는 생각하지 마"라는 지시에 따라 코끼리를 생각하지 않으려고 할수록 오히려 더욱 그 생각이 사라지지 않는 게 사람의 머릿속이다.

　이를 입증한 재밌는 심리학 실험이 있다. 러시아의 대문호 표도르 도스토옙스키는 1863년 한 에세이에서 "북극곰을 생각하지 않으려 해보라. 생각을 떨치려고 애쓸수록 북극곰 모습이 지긋지긋하게 떠오를 것이다"라고 말했다. 이후 100여 년의 세월이 지난 1987년 하버드대의 심리학 교수 대니얼 웨그너는 도스토옙스키의 말을 실험으로 검증했다.[16] 학생들을 두 그룹으로 나눠, A그룹에게는 "흰곰을 생각하라"고 지시했고, B그룹에게는 "흰곰을 생각하지 말라"고 주문했다. 결과는 B그룹이 흰곰을 더 많이 생각한 것으로 드러났다. '흰곰 효과'로 불리는 이 연구는 사고를 억누르려 할수록 오히려 더 생각하게 된다는 것을 증명한 실험이다. 망각도 마찬가지로, 원하는 방향으로 통제하기 어렵다.

'학습'은 몰랐던 지식이나 기술을 배우는 의도적인 행위로, 양동이에 물을 채우는 일에 비유할 수 있다. '재학습'은 사회환경이 달라져 오염되거나 쓸모없어진 지식과 역량을 신선한 내용으로 대체하는 행위라고 말할 수 있다. 양동이 속의 지저분한 물을 신선한 물로 바꾸기 위해서는 먼저 양동이를 깨끗이 비워야 한다. '언러닝'이 재학습을 위해 필수적 절차인 까닭이다. 깨끗한 물을 담기 위해 양동이 안에 가득한 고인 물을 쏟아내듯, "배운 것을 비워낸다"는 의미에서 언러닝을 '비움학습'이라고 부를 수 있다.

채우는 학습에서 비우는 학습으로

언러닝은 선불교 전통에서 익숙한 수련법이다. 일본 메이지 시대의 선승이 선禪을 묻는 학식 높은 학자를 깨우쳤다는 일화가 전해 내려온다. 저명한 학자가 찾아와 "스님, 선이란 대체 무엇인가요?" 하고 묻자, 선승은 말없이 찻잔에 차를 따랐다. 선승은 찻잔이 넘치는데도 멈추지 않고 계속 차를 따랐다. 이를 보던 학자가 놀라, "스님, 차가 넘칩니다"라고 말했다. 선승은 계속 차를 따르면서 "그대 머릿속이 이처럼 갖은 생각으로 넘치는데 어찌 선을 담을 수 있겠소. 먼저 그대의 머리를 비우시오"라고 답했다고 한다.

그런데 '비움학습(언러닝)'은 양동이나 찻잔을 비우듯이 손쉽게 수행할 수 없다는 데서 어려움이 생겨난다. 많은 사람들이 변화한 세상에서 새로운 지식과 역량이 필요하다는 것을 알고 있으면서도 재학습에 좀처럼 나서지 못하는 이유이다.

비움학습은 지금까지의 교육에서 거의 다뤄지지 않았다. 당연히 배우는 사람이나 가르치는 사람 모두에게 낯선 개념이다. 스포츠 교습이나 행동 교정에서 잘못 익힌 동작이나 습관을 바로잡기 위해 강사의 지도 아래 의도적인 '언러닝' 훈련을 활용하는 경우가 간혹 있지만, 이 또한 일반적이지 않고 상당히 어려운 과정이다. 이러한 훈련도 인지적 과정이라기보다는 습관이나 동작을 바로잡기 위한 경우가 일반적이었다. 육체적 훈련이기 때문에 잘못된 동작과 습관을 바로잡는 과정을 눈으로 볼 수 있고, 일련의 절차를 매뉴얼로 만들어 따라 할 수 있다. 하지만 인지적 차원에서 의도적인 언러닝은 그 과정 자체가 눈에 보이지 않고, 정해진 매뉴얼도 없다. 그만큼 어렵고 드문 일이었다.

지식과 역량을 학습하는 방법은 정보화 환경에서 획기적으로 달라졌다. 정보화 시대가 도래하기 이전의 공부는 기본적으로 더 많은 지식을 수집하고 기억하는 활동이었다. 학교에서 좋은 성적을 받고 직장에서 유능한 역량을 발휘하기 위해선 무엇보다 풍부한 지식을 갖춰야 했다. 동전 수집이나 스탬프 모으기 취미처럼, 학습은 지식이라는 아이템을 더 많이 모으고 저장하는 '채움활동'이었다. 학습은 정해진 기간 안에 필요한 지식을 더 많이 수집하고 체계적으로 분류해 저장하는 일, 그리고 필요할 때 꺼내서 효율적으로 활용하는 능력으로 여겨졌다.

실제로 과거에는 '걸어 다니는 백과사전', '박람강기博覽强記(폭넓은 독서와 뛰어난 기억력)'라는 말이 박식하고 똑똑한 사람에 대한 별명이자 칭찬이었다. 인터넷이나 검색, 챗봇과 같은 서비스가 없던 시기에 한 사람의 지식과 역량 수준은 얼마나 많은 지식과 경험을 머릿속에 저장해두었고, 그것을 필요할 때 얼마나 잘 꺼내어 활용할 수 있는지로 평가되었다. 교육과 학습은 이런 능력을 극대화하는 데 초점이 맞춰졌고, 각종 시험은 개인이 보유한 지식 수준을 비교·평가해서 줄을 세우는 역할을 했다. 어려운 학습 과정을 거치며 힘들게 채워 넣은 지식을 비우고 지워버린다는 것은 지금까지의 학습법에서는 상상하기 어려운 개념이다. 지식은 수고로운 학습 과정을 거쳐서 획득하고 축적해야 하는 소중한 자산으로 간주되어왔다.

그런데 정보기술은 모든 것을 연결하며 누구나 외부 저장장치, 검색 시스템, 챗봇과 인공지능에 언제든지 접근하고 활용할 수 있는 환경을 열었다. 이는 더 많은 지식과 정보를 수집하는 방식으로 진행해온 '채움학습'의 효용성을 근본적으로 위협한다. 외부 저장장치, 모바일 기기, 통신 속도는 기술 발달에 따라 계속 기하급수적으로 빨라지고 개선되지만, 인간 두뇌는 다르다. 사람 뇌의 기억 용량과 처리능력은 컴퓨터 칩과 인공지능의 성능처럼 계속 확장될 수 없다. 뇌의 능력도 다른 신체 기능처럼 노력과 훈련에 따라 어느 정도는 개선될 수 있지만, 기계와 달리 기본적으로 한계를 지닌다. 장바구니, 여행 가방처럼 사람 두뇌는 한정된 공간이어서, 무한히 지식과 경험을 축적하고 처리할 수 없다. 특히 컴퓨터의 기본 메모리에 운영체제가 탑재되어 있는 것처럼 뇌에는 생존에 꼭 필요한 지식과 역량이 항상 담겨 있어야 한다.

이처럼 뇌에 새로운 정보를 담기 위해서는 고인 물처럼 오래되고 쓸모없게 된 정보를 비우는 작업이 먼저 이뤄져야 한다. 그 이후에야 재학습이 제대로 진행될 수 있다. 재학습을 위한 필수적 사전 활동이 '비움학습'이다. 애플컴퓨터 펠로를 지낸 앨런 케이는 "우리가 미래를 여는 능력은 얼마나 잘 배우는지가 아니라 배운 것을 얼마나 잘 비워내는가unlearn에 달렸다"라고 말했다.[17] 그는 1970년대 제록스 팰로앨토연구소의 초대 소장으로, 객체 지향 프로그래밍object-oriented programming과 그래픽사용자인터페이스GUI 개발 작업을 주도하며 개인용 컴퓨터의 설계도를 그린 컴퓨터 과학자다.

학습 과정에서 언러닝의 의미를 신진대사 활동과도 비교할 수 있다. 대사 활동은 생물체가 생명 유지를 위해 영양물질을 소화 분해한 뒤 생존에 필요한 양분과 에너지로 바꾸고 배설하는 과정이다. 생물체의 항상성 유지를 위한 대사 활동처럼, 언러닝도 우리 뇌에서 학습이 원활하고 지속적으로 이뤄지기 위한 필수 과정이다.

비움학습은 왜 어려울까?

사람의 인지는 시각에 깊이 의존하기 때문에 눈에 대상이 보이지 않으면 그 존재와 변화를 알아차리기 어렵다. 그래서 평소에는 당연하게 여기며 일상에서 적용하던 습관이나 상식이라도, 눈에 보이지 않는 방식으로 진행되는 일에는 상식이 작동하지 않는다.

가령, 가정에서 침대나 텔레비전, 냉장고와 같은 새 제품을 구매하는 경우를 생각해보자. 부피가 큰 제품을 집에 들여놓을 때는 사전에 낡은 제품을 옮기거나 처분해 배치 공간을 마련하는 게 상식이다. 대부분의 경우 기존 물품을 치워야 새로운 물건이 들어올 수 있다는 걸 누구나 알고 있다. 지식도 다르지 않다. 사람의 뇌도 공간이 한정되어 있기 때문에 기존의 낡은 지식을 비워야 비로소 새 지식이 들어올 자리가 생긴다. 하지만 이렇게 당연한 언러닝의 원리를 받아들여 실천하는 사람은 흔하지 않다. 가구나 가전제품과 달리, 지식과 정보를 다루는 인지 과정은 우리 눈에 보이지 않기 때문이다.

전통적으로 지식은 신선식품의 유효기간처럼 일정 기간이 지나면 쓸모없어지는 것이라고 여겨지지 않았다. 오히려 "아는 것이 힘이다"라는 프랜시스 베이컨의 말처럼, 지식은 권력이자 자산으로 통했다. 우리가 살아온 사회는 대학 졸업장, 전문직 자격증, 특정 직무 경력 등 지식과 경험을 자산과 경쟁력으로 여기며 소중하게 취급해왔다. 어려운 과정을 거쳐 획득했고 스스로 경쟁력이자 자산으로 여기는 것을 기꺼이 포기하는 사람은 드물다. 비움학습이 문화적으로 어려운 이유다.

학교에서 이뤄지는 학습이 평가와 비교, 경쟁을 수반하는 까닭에 수고롭고 힘들게 여겨지지만, 사실 사람은 본능적으로 새로운 정보와 지식을 추가하는 데 열정적이다. 새로운 정보를 다른 사람보다 빨리 받아들이면 생존에 유리하기 때문이다. 비움학습이 어려운 진화 및 생리적 이유다. 우리 뇌는 새로운 정보를 접하는 순간 쾌락 전달물질인 도파민을 분비하도록 배선되어 있다. 생존에 도움이 되기 때문에 본능화한 것이다. 사람은 다른 동물과 달리 미숙하고 무방비 상태의 젖먹이로 태어나며, 독립할 수 있는 성인이 되기까지 오랜 시간이 걸린다. 유아기에서 청소년기에 이르는 오랜 성장 기간은 다름 아닌 학습 기간이다. 인간은 성장 기간에 호기심 넘치는 학습 능력을 발휘해 생존에 필요한 소통 능력과 지식을 갖추고 사회에 적응한다. 라틴어에서 '호모 에루디티오Homo Eruditio'는 '학습하는 동물'이라는 의미로, 사람이 나머지 동물들과 구별되는 특징이 학습 능력에 있음을 일깨우는 말이다.

비움학습이 어려운 심리적 이유

비움학습이 어려운 이유엔 심리적·인지적 배경도 있다.

먼저, 사람에겐 인지 부조화로 인한 불편함을 피하고자 하는 심리가 있다. 사람은 자신이 중요하게 간주하는 신념이나 가치 및 지식과 충돌하는 정보를 접해 심리적으로 긴장감과 불안함을 경험할 것으로 예상되면, 이를 외면하는 경향이 있다. 진실을 맞대면하는 대신, 해당 정보를 왜곡해 자신의 기존 신념과 지식체계에 맞추는 것이다.《이솝 우화》에서 여우가 높은 곳에 달려 있어 먹지 못하는 포도를 '신포도'라고 말하며 자신이 포기하는 행위를 합리화하는 것과 같은 심리인데, 이런 현상을 심리학에서는 '인지 부조화 회피심리'라고 설명한다. 대부분의 사람들은 새로운 정보로 인해 심리적으로 불편한 상황에 놓일 것으로 우려되면, 객관적이고 합리적인 사실 인식을 위한 탐구에 나서기를 꺼린다. 오히려 여우처럼 자신의 뇌를 속여 기존 신념과 일치하는 방식으로 정보를 왜곡해서 받아들이는 게 인간의 일반적 인지 성향이다. 받아들이고 싶지 않은 현실을 부인하며 스스로 마음의 평정을 지킨다는, 흔히 '정신 승리'라고 말하는 현상이다. 종교나 정치와 관련해 강한 신념을 가진 사람들이 자신들의 믿음이나 가치관과 충돌하는 정보를 만날 경우, 일부러 외면하거나 애써 부인하는 현상도 이와 관련이 있다.

또한 사람은 가능하면 뇌를 덜 쓰고자 하는, 인지적으로 게으른 성향을 지닌다. 꼭 필요한 상황이 아니라면 굳이 힘들게 이성을 동원하고 깊이 생각해야 하는 일을 피하려 한다. 이처럼 자신의 인지적 자원을 최대한 아끼려고 하는 성향을 '인지적 구두쇠Cognitive Miser'라고 한다. 사람의 인지적 능력에는 한계가 있고, 인간은 항상 합리적으로 판단하고 선택할 수 있는 존재가 못 된다. 인지심리학에 따르면, 사람이 주의력을 쏟아야 하는 인지 활동(관심 기울이기, 집중하기, 사고하고 판단하기 등)에는 특히 많은 에너지가 필요하다. 이 때문에 인간은 제한된 인지적 자원을 가능한 한 아끼려는 성향을 띠게 됐다는 것이다. 인지적 자원을 되도록 아껴서 뇌에 여유 자원을 남겨두려는 '구두쇠' 성향 덕분에 인류는 야생 환경에서 살아남을 수 있었다. 두뇌 안에 항상 인지적 여유 자원을 갖고 있어야 무엇엔가 열중해 있어도 맹수의 습격 같은 위험한 상황에 맞닥뜨리면 모든 것을 중단하고 즉시 생존에 필요한 판단과 대응에 나설 수 있기 때문이다.

자극적이거나 생존에 직결되는 정보는 특별히 주의를 기울이거나 노력할 필요 없이 본능에 따라 자동적으로 받아들인다. 그렇지만 다양한 정보를 기반으로 복합적이고 심층적 사고를 하는 것은 본능이 아니다. 사람들이 흥미로운 스토리의 드라마나 SF 영화를 즐겨 본다고 해서, 수학 문제 풀기나 과제물 작성과 같은 수고로운 인지적 활동마저 즐기는 것은 아니다. 기존에 알고 있던 지식, 유용하다고 여겨 스스로 의존해온 정보를 새로운 지식으로 업데이트하는 일은 결코 쉬운 일이 아니다. 새로운 스마트폰이나 전자제품 조작법 등의 경우라면 어렵지 않게 새 정보를 배울 수 있다. 손쉽게 과거 사용법을 지워버리고 새로운 조작법을 받아들일 수 있는 영역이다. 하지만, 이러한 단순 정보가 아니라 자신의 지식기반, 세계관, 가치관 등 기본적인 신념 체계와 관련이 있는 정보일 경우 과거의 지식과 신념 체계를 비워버리고 새로운 것으로 바꾸기는 어렵다.

이는 천동설에 기반한 세계관 속에 살던 17세기 사람이 과학적 관측 자료에 입각한 지동설이 나왔다고 해서 쉽사리 생각을 바꾸기 어려운 것과 비슷하다. 잘 알려진 이야기가 있다. 갈릴레오 갈릴레이는 천체망원경을 발명해 목성의 위성 네 개를 발견하고 그 관측 사실을 기반으로 지동설을 주장했지만, 당시 학계와 종교계는 그의 주장을 전혀 받아들이지 않았다. 1633년 갈릴레오는 로마 종교재판소에서 성서와 어긋나는 거짓 사실(지동설)을 가르쳤다는 이유로 유죄 판결을 받고 종신 가택 연금형에 처해졌다. 아이작 뉴턴이 만유인력과 운동의 법칙을 발표하고 과학 발달과 천문학적 발견이 이어지면서 18세기 초에 이르러 지동설은 확고한 과학적 사실로 수용되었다. 하지만 가톨릭교회의 지동설 수용은 이보다 훨씬 오랜 기간이 걸렸다. 교황 요한 바오로 2세 재임기인 1992년이 되어서야 갈릴레오에 대한 교회의 유죄판결을 공식 철회하고 그를 복권했다. 로마 가톨릭교회가 종교재판에서 갈릴레오를 파문한 지 359년 만이었다.

이처럼 세계관과 관련된 사회와 개인의 신념 체계를 변경한다는 것은 사실적 정보를 업데이트하는 것과는 차원이 다른 문제다. 지구를 중심으로 천체가 움직인다는 천동설 대신 지구가 태양 주위를 돈다는 지동설을 받아들인다는 것은 사실적 정보 수용의 문제가 아니라, 인간의 위치와 우주 질서에 대한 우리의 주관적 신념을 바꾸는 일이기 때문이다. 그래서 독일 철학자 임마누엘 칸트는 개인의 인식 구조에서 천동설을 지동설로 대체하는 것과 같은 세계관의 전환은 지극히 어려운 일이라며, 이를 '코페르니쿠스적 전환'이라고 이름 붙였다. 이는 객관적 사실을 갱신하는 차원이 아니라 기존에 확신해온 신념과 가치 체계를 뒤흔드는, 일종의 개종과 같은 엄청난 인지적·심적 부담의 상황을 의미한다.

이처럼 언러닝은 편안하고 자연스럽게 일어나는 배움의 과정이 아니다. 오히려 그 반대에 가깝다. 용기를 필요로 하고, 도전에 나서는 배움의 방법이다. 그래서 싱귤래리티대학 교수이자 벤처기업 인큐베이터인 배리 오라일리는 "언러닝은 스스로 취약함을 감수하는 행위"라고 말한다. 언러닝은 "확실히 아는 것을 내려놓고 불확실성 앞에 과감히 자신을 열어놓는 행위"이기 때문이다.[18]

'더 많은 정보'와 '더 적절한 지식'

인류는 유사 이래 대부분의 기간을 정보 부족 상태에서 살아왔다. 이를 극복하는 길은 더 많은 것을 경험하고, 그것을 정보로 만들어 축적하고 공유하는 것이었다. 과거 전통사회에서 노인과 연장자에게 권위가 주어졌던 이유는 그들이 오랜 삶을 살아오면서 풍부한 지식과 경험을 보유하고 있었기 때문이다. 기상 변화와 농사에 관한 체계적이고 문서화된 정보가 없던 농경사회에서 풍부한 경험과 지식을 보유한 노인과 연장자는 지혜로운 사람이자 '살아 있는 사전'으로 존경과 대우를 받았다.

직접적 경험을 통하든, 간접적 학습을 통하든 지금까지 지식은 능력이자 자산으로 여겨져왔다. 그런데 디지털 정보화는 정보 홍수와 정보 유효기간의 단축을 가져왔고, 기존의 지식 모델에 구조적 충격을 안겼다. 디지털 사회가 도래하자 과거에 배운 지식은 새로운 기술과 정보에 밀려나 쓸모를 잃었다. 지난날 지혜와 권위를 지녔던 노인이 디지털 세상에서는 능력과 적응력이 떨어져 무기력한 보호 대상이 되는 경우가 많았다.

70~80년 생애를 살아온 노인은 오늘날도 20~30대 젊은이와 비교하면 훨씬 많은 지식과 경험을 보유하고 있다. 하지만 그 지식과 경험 대부분은 디지털과 인공지능 기술이 없던 시기에 형성된 것이어서 오늘날에는 적절하지 않거나 무

용한 경우가 많다. 한때 유용했던 지식과 경험을 새로운 상황에 맞는 적절한 정보로 업데이트하지 않으면, 아무리 많은 정보와 지식도 쓸모없다. 낡아서 더 이상 적절하지 않게 된 정보를 지워버리거나 비워버리지 못하면, 과거의 지식과 관점은 자산이 아니라 오히려 생존과 적응을 방해하는 족쇄가 되고 만다. 노인뿐 아니라 지식과 경험을 많이 지닌 사람이 오히려 위험해지는 환경이다. 이런 변화된 환경에서 적응의 문제는 나이의 많고 적음이나 지적·육체적 노동 여부와도 상관없다. 과거와 다른 새로운 능력이 요구되는 까닭이다.

지식정보사회에서 비움학습이 중요해진 이유는 이러한 지식 생태계의 구조 변화 때문이다. 지수상승적으로 변화하는 디지털 기술이 등장하기 이전까지는 배움도 산술적으로, 순차적으로 변화하는 환경에 맞춰져 있었다. 즉, 과거엔 배움의 목표가 '더 많은 정보'였다면 이제는 '더 적절한 정보'로 바뀌었다. '더 많은 정보'는 정보 자체가 가치 있는 자원으로 통하던, 정보 희소 시기에 형성된 오래된 목표다. '더 적절한 정보'는 정보가 넘쳐나는 디지털 시대에서 만들어진, 새로운 목표다.

이러한 현상은 지식 생태계만이 아니라 일상생활에서도 나타나고 있다. 지난 시절엔 집집마다 또는 기업과 학교 등 조직마다 필요한 것을 각자 보유하는 게 일반적이었다. 백과사전, 서적, 음악 CD, DVD, 컴퓨터 프로그램, 게임팩 등을 소유하고 있어야, 그것이 필요할 때 바로 꺼내 사용할 수 있었다. 언론사나 공공기관 등은 업무에 필요한 자료와 도서를 모아둔 사내 도서실 또는 자료실을 유지했다. 개인들 또한 자주 사용하지 않는 물품이어도 어느 순간 필요할지 모르니 장만하고 있어야 안심할 수 있었다. 구매 또는 임대라는 방법을 통해 이용할 수 있던 이들 물품은 수집과 교환의 대상이 되기도 했다. 해당 주제와 분야에 관한 장서와 컬렉션 규모가 안목과 자산으로 여겨지던 시대였다.

콘텐츠에서 가전제품까지, 구독 모델의 확산

그러나 디지털 세상에서는 소유 가치가 사용 가치로 대체되는 현상이 뚜렷해지고 있다. 스트리밍과 구독이라는 새로운 콘텐츠 이용 방법이 등장해 구매와 임대 관행을 대체하기 시작했다. 전 세계 영상산업의 강자 넷플릭스가 이런 '구독 경제' 모델의 대표격이다. "4달러에 빌린 DVD에 대해 연체료로 40달러를 내게 된 상황을 아내에게 어떻게 설명해야 할까"라는 고민이 넷플릭스의 창업자 리드 헤이스팅스가 공개한 창업 배경이다. 미국에서 DVD 우편임대업으로 출발한 넷플릭스가 성공할 수 있었던 것은 스트리밍 기술 발전과 콘텐츠 이용 습관의 변화를 읽어내고 이에 최적화한 사업모델을 만들어낸 덕분이다.

업무용 소프트웨어 분야의 세계적 기업인 세일즈포스의

혁신과 성공도 기존의 사업 방식을 폐기하고 현재 시점에서 이용자들의 사용가치를 극대화하기 위해, '서비스로서의 소프트웨어 Software-as-a-service' 전략을 추진하면서 시작됐다. 이 전까지 소프트웨어는 패키지로 판매되어 고객 기업의 서버에 설치하고 이후 유지·보수 비용으로 매출을 일으키는 게 기본적인 사업 방식이었다. 2004년 세일즈포스는 패키지 소프트웨어 판매를 중단하고 고객이 클라우드에 접속해 각 기업이 필요한 서비스를 온라인으로 제공받는, 당시로서는 혁신적인 사업모델을 도입했다. 그 전까지 기업들은 회사 서버에 업무용 소프트웨어를 설치하고 정보기술 담당 직원들이 각 부서 담당 직원들에게 일일이 프로그램을 설치하고 사용법을 교육하는 번거로운 과정을 거쳐야 했다. 소프트웨어 기능이 추가되거나 수정되면 그때마다 같은 작업을 반복했다. 소프트웨어를 클라우드 기반의 서비스 방식으로 바꾸면서 고객 기업들의 직원은 과거처럼 번거로운 설치와 유지·보수, 내부 교육을 할 필요가 없어졌다. 클라우드에 접속하면 언제나 최신의 서비스를 이용할 수 있었다. 소프트웨어 사업 모델의 지각변동 같은 혁신이다. 오늘날엔 기업 고객만이 아니라 개인 고객도 소프트웨어 패키지를 구매하는 대신 클라우드 서비스를 구독하는 추세다.

이용자가 직접 구매하거나 소유하지 않고 필요할 때 수시로 이용하는 이러한 구독 모델은 소프트웨어, 음악, 영화, 책과 같은 콘텐츠 영역을 넘어 내구재와 하드웨어 영역으로도 확대되고 있다. 행사 물품, 레저 장비, 계절 스포츠 용품, 공구, 차량 등을 소유하지 않고 빌려 쓰는 '공유 경제' 모델은 점점 대세가 되고 있다.*

구독·공유 경제 플랫폼의 확산은 지난날 구매·소유 모델에 없던 장점들 덕분이다. 구매나 임대 절차 없이 적은 초기 비용으로 필요한 만큼 사용할 수 있고, 유지·관리할 필요 없이 항상 최신 서비스를 이용할 수 있다. 보유한 물품을 보관할 공간이 필요 없다는 것도 장점이다. 구독 모델은 소비사회의 고도화로 선택할 수 있는 제품과 서비스가 늘어나는 상황에서 장점이 더 두드러진다. 즉, 상품과 서비스가 많아지고 신제품 경쟁이 치열해지면 값비싼 첨단 제품도 금세 구식이 된다. 이와 같이 제품 수명 주기가 점점 단축되는 시장 환경에서 구독 모델은 소비자들이 다양한 제품의 최신 기능을 이용할 수 있게 해주는 방식의 서비스 플랫폼이다.

---

* 오늘날 구독 방식은 MS365, 한컴오피스, 넷플릭스, 유튜브, 스포티파이 등처럼 네트워크를 통해 서비스되고 업데이트되는 무형의 소프트웨어 및 콘텐츠 서비스에서 대세가 됐다. 한때 가전제품 등 내구재는 "한 번의 선택이 10년을 좌우한다"고 광고하던 소유 모델이 절대적이었지만, 구독 모델은 소프트웨어와 하드웨어를 가리지 않고 점점 영역이 확대되고 있다.

소유 가치에서 사용 가치로

콘텐츠와 내구재에서 최고의 제품을 이용하는 방법으로 구매 대신 구독이 주목받고 있는 상황은 지식과 정보 분야에서도 마찬가지다. 무조건 더 많은 정보, 더 최신 정보를 추구하는 대신 지금 상황에서 더 적절한 정보에 가치를 두고 이를 추구하는 경향이다. '더 많은 정보'가 배움의 목표이던 지난날 정보의 속성과 '더 적절한 정보'가 목표가 된 오늘날 정보의 속성은 확연하게 구별된다.

첫째, 지식은 액체처럼 유동성을 갖게 됐다. 지난날 지식 정보는 고체처럼 형태가 정해져 있거나 잘 변화하지 않았다면, 오늘날 지식은 액체처럼 고정된 모양이 없고 계속해서 변화한다. 고체와 액체는 각각 다루고 이용하는 방식이 다르다. 형태가 유지되는 고체는 잘 보이게 전시하거나 가방에 넣고 이동할 수 있다. 얼마나 많이 보유하고 있는지를 한눈에 파악하거나 비교하기 쉽다. 반면, 액체는 고정된 형태가 없어 그것이 담기는 틀과 그릇에 따라 모양이 달라진다. 또한 액체는 움켜쥐는 방식으로는 소유할 수 없는, 강물 같은 계속된 흐름이다. 강물처럼 쉼 없이 흐르는 액체를 이용하는 최선의 방법은 댐을 쌓아 가두는 게 아니다. 생활용수나 관개용수로 활용하는 것처럼, 또는 배를 타거나 서핑을 하는 것처럼 유동하는 물의 속성을 이용하는 편이 낫다.

둘째, 지식은 판타 레이Panta Rhei('모든 것은 흐른다'는 뜻의 라틴어) 세상에서 잠정적이 됐다. 모든 게 쉼 없이 흐르는 만물유전의 세상에서 지식은 그 순간의 가치와 쓸모를 지닐 따름이다. 날아가는 새를 촬영할 때 카메라 초점은 순간에만 유효하다. 새의 비행에 따라 초점은 계속 이동해야 한다. 대상이 움직이지 않거나 느린 속도로 변화할 때는 한 번 설정한 초점을 안정적으로 사용할 수 있지만, 새처럼 빠르게 움직이는 물체를 찍으려면 렌즈는 동적 트래킹을 통해 능동적으로 초점을 이동해야 한다. 지식도 불변하는 가치와 쓸모를 지니는 게 아니라 잠정적 지식으로 변모했다. 지식의 가치와 쓸모가 잠정적이 됐다는 것은 언제나 모든 상황에 타당하고 유효한 지식이 없다는 걸 의미한다. 완벽한 지식이 존재하는 것이 아니라 '지금 이 순간 적절한 지식'이 있을 따름이다. 최신 카메라 렌즈가 움직이는 피사체를 추적하는 기능을 갖췄듯, 변화하는 세상에서는 지식을 끊임없이 업데이트하는 능력이 요구된다. '더 많은 정보'가 아니라 '더 적절한 지식'이 주목받는 배경이다.

'소유 가치' 대신 '사용 가치'가 주목받으면서 구독 및 공유 모델이 확산하는 경제 현상은 큐레이션과 추천 서비스의 부상으로 이어지고 있다. 넷플릭스, 유튜브, 스포티파이, 멜론 등 영상과 음악 서비스 구독플랫폼의 핵심 장점은 방대한 콘텐츠와 이용 편의성이라기보다 이용자별 맞춤 추천과 큐레이션 기술이다. 이용자가 직접 서비스에 접근해 선택할 수도 있지만, 데이터베이스가 너무 방대해 이용자는 콘텐츠 선택에 어려움을 겪기 쉽다. 소셜미디어와 구독 모델 등 콘텐츠 기반 서비스에서 개인별 맞춤화 추천 알고리즘은 성패를 좌우하는 핵심 기술이다. 이용 기록, 인공지능 알고리즘을 동원한 추천 서비스는 이용자들이 방대한 콘텐츠 바다에서 길을 잃고 헤매는 일 없이 그들의 기호에 맞는 최신 콘텐츠를 알아서 제공한다. 최신 개봉작과 공개 음원을 수시로 업데이트해 항상 신선한 서비스 상태로 맞춤형 콘텐츠를 추천해준다. 추천 알고리즘 덕분에 구독 모델에서 이용자들이 직접 판단하고 결정해야 할 것은 많지 않다. 특별히 주의를 기울이거나 노력하지 않아도 항상 나에게 맞춤화된 최신의 서비스를 이용할 수 있는 게 구독 모델의 장점이다.

하지만 지식의 경우는 다르다. 아무리 인공지능 알고리즘이 나에게 맞춤화된 최신 정보와 지식을 추천해준다고 하더라도, 그것만으로 문제가 해결되지 않는다. 지식과 정보를 이용하는 행위는 이용자가 콘텐츠를 수동적으로 감상·수용하는 것에 비해 훨씬 많은 인지적 노력을 기울여야 하는, 주도적이고 적극적인 행위이기 때문이다. 신문이나 뉴스레터를 구독하면 낡은 정보가 아닌 내가 원하는 최신 정보가 배달된다. 하지만 이용자에게 최신 정보가 배달된다고 해서 기존 지식과 고정관념이 저절로 최신 상태로 업데이트되는 것은 아니다. 새로운 정보를 만났을 때 학습 주체가 스스로 주의와 노력을 기울여 이해하고 배우지 않으면, 학습자의 뇌는 최신 상태로 업데이트되지 않는다. 물건이나 서비스는 구독과 추천에 의존하면 편리하지만, 이해와 배움은 구독과 추천에 의존할 수 없다. 언러닝이 어려운 배경이다.

'더 최신의 정보'에서 '더 적절한 지식'으로

2005년 12월, 영국의 과학학술지 〈네이처〉는 세계적 권위의 백과사전 《브리태니커》와 온라인 백과사전 〈위키피디아〉의 정확도를 비교한 연구 결과를 실었다.[19] 과학 분야에서 50개 항목을 무작위로 선정해 정확도를 비교한 결과, 《브리태니커》와 〈위키피디아〉에서 각각 네 곳씩 중대한 오류가 발견됐다. 부정확한 기술, 기록 누락 등 사소한 오류는 《브리태니커》가 123개, 〈위키피디아〉가 162개였지만 〈위키피디아〉의 서술 분량이 훨씬 많아서 두 사전의 정확도는 차이가 없다는 결론을 내렸다. 세계 최고의 전문가들이 오랜 기간 많은 예산을 들여 출간한 권위 있는 사전과, 전 세계 누구나 자발적으로 편집에 참여하고 무료로 제공되는 온라인 사전 간에 정확도 차이가 없다는 사실에 일반인은 물론, 세계 지성계가 놀랐다.

그런데 진짜 놀라운 일은 〈네이처〉 논문 발표 이후에 일어났다. 〈네이처〉 발표 후 오류로 지적된 〈위키피디아〉의 항목들은 빠르게 수정됐다. 수많은 사람들이 편집에 나선 덕분이다. 반면 인쇄된 《브리태니커》는 수정이 불가능했다. 결국

《브리태니커》는 이 사건을 계기로 종이사전 발간을 중단하고 온라인으로만 서비스하기로 결정했다. 특정 시점에선 정확하고 유용한 정보였지만 지식의 변화에 따라 부정확하고 잘못된 정보가 될 수 있다는 걸 고려한 편찬 방침 전환이었다. 이는 디지털 세상에서 지식이 어떻게 변화하고 있는지를 알려준 상징적 사건이었다.

이처럼 지식과 정보를 수집하고 학습하는 전통적인 방식의 교육법은 디지털 환경에서 근본적인 도전에 직면했다. 이스라엘의 역사학자 유발 하라리는 2016년 한국을 방문해 "현재 학교에서 학생들에게 가르치는 내용의 80~90%는 학생들이 40대가 됐을 때 전혀 쓸모없을 확률이 크다"라고 지적하며 "정보가 차고 넘치는 오늘날 학생들에게 가장 가르칠 필요가 없는 것이 '더 많은 정보'다"라고 말했다.[20] 정보가 빠르게 변화하고 있고, 무궁무진한 정보의 바다에 언제나 간편하게 접속할 수 있는 세상이 되었기 때문이다. 그렇다면 이러한 환경에서 개인별 맞춤화 기반의 추천과 구독 서비스는 효율적 대안이 될 수 있을까?

알 수 없는 미래에 대한 불안감에서 더 많은 지식과 정보를 수집하려는 관행은 오늘날 디지털 환경에서 인공지능과 맞춤화 기반의 구독·추천 서비스의 형태로 바뀌고 있다. 더 많은 정보와 지식을 향한 추구가 아니라 각자에게 맞춤화되고 최신 상태로 업데이트된 정보를 추구하는 태도다. 지식의 구조와 효용성이 달라진 데 따라 새로 등장한 지식 추구 방법이지만, 본질에 있어서는 과거의 방법과 크게 달라지지 않았다. 현 시점에서 유용해 보이는 정보를 추구한다는 측면에서는 동일하기 때문이다. 즉, '더 많은 정보'를 향한 맹목적 추구가 '더 최신의 정보' 추구로 대체되었을 뿐이다.

더 많은 정보 수집 욕구가 부작용을 가져온 것처럼, 더 최신의 정보를 향한 추구는 역효과를 만들어내고 있다. 최신 유행과 트렌드에 대한 지나칠 정도의 관심과 강박으로 인해, 자신에게 필요하고 적절한 정보가 무엇인지 제대로 파악하지 못하는 실정이다. 해마다 '올해의 트렌드'를 주제로 한 리포트와 서적이 쏟아져나온다. 유튜브와 소셜미디어 등의 플랫폼에는 미래 유망한 정보와 새로운 트렌드를 알려준다는 콘텐츠가 넘쳐난다. 디지털 사회에서 트렌드에 대한 높은 관심은 지금 세상을 살아가기 위해서는 새로운 정보가 필요하다는 대중의 실제적 수요를 반영한다. 유행과 트렌드가 빠르게 변화하기 때문에 새로운 흐름을 남보다 빨리 포착해야 사업, 마케팅, 투자, 구직 등에 성공할 수 있다는 생각이 깔려 있다. 사람들이 틈나는 대로 스마트폰을 이용해 무언가를 하는 것도 일종의 최신 정보 업데이트 활동이다. 뉴스, 이메일, 소셜미디어, 통장 잔고, 주식 시세, 커뮤니티 활동 등을 점검해, 최신 상태로 업데이트하는 게 디지털 시대의 일상이자 필수 의례로 자리 잡고 있다.

'트렌드 추구'의 기회와 위험

시간과 공간의 거리를 사라지게 만드는 실시간 기술이 보편화하고 유망 산업에 관한 정보와 사람들의 금융 투자 동기가 결합하면서 트렌드에 대한 관심은 거대한 쏠림으로 나타나고 있다. 암호화폐, 전기차, 배터리, 인공지능, 반도체 등 빠르게 변화하는 산업과 투자 지형은 트렌드를 재빨리 파악하여 그 변화를 따라가려는 움직임을 가속화한다. 과거에는 최신 정보와 트렌드에 접근하고 그것을 활용할 수 있는 계층이 제한되어 있었다. 그런데 인터넷, 모바일, 소셜미디어 등의 디지털 기술 덕분에 모든 사람이 실시간으로 최신 정보를 만나고 이용할 수 있게 됐다. 블록체인, 메타버스, 대체불가능토큰NFT, 디지털 트윈, 생성 인공지능 등의 새로운 기술용어가 등장해 이에 대한 관심과 투자 열풍이 주기적으로 부상하고 계속 새로운 것으로 대체되고 있다. 디지털 환경에서 유망해 보이는 트렌드는 계속 새로운 것으로 대체되고 있지만, 갈수록 트렌드에 대한 관심이 높아진다는 점과 그 지속 기간이 점점 짧아진다는 점에서는 변함이 없다. 일찍이 2500년 전 그리스 철학자 헤라클레이토스가 "우리는 같은 강물에 두 번 들어갈 수 없다"라고 말한 대로다. 모든 것은 끊임없이 변화한다는 헤라클레이토스의 이 말을 플라톤은 판타 레이, 즉 '만물유전萬物流轉'의 철학이라고 이름 붙였다. 그리고 '판타 레이'를 세상의 철칙으로 받아들이고 실행하는 기업과 사람들이 다수가 된 게 오늘날 디지털 세상의 모습이다. 그렇다면 판타 레이 환경에서 변화하는 정보와 트렌드를 끝없이 따라가는 것은 현명한 전략일까?

'더 많은 정보' 수집 추구가 '더 최신의 정보' 접속 추구로 대체되고 있지만, 그 자체로 가치와 유용성을 보장하지는 않는다. 오히려 새로운 부작용도 생겨나고 있다. 최신 트렌드와 정보를 향한 맹목적 추구로 변질되기 쉽고, 그런 태도는 유용한 게 아니라 오히려 위험할 수 있다.

일례로, 데이터를 통해 이용자들의 행동 패턴과 심리적 반응 시스템을 파악한 빅테크의 알고리즘은 이러한 최신의 트렌드와 자극적 정보에 취약한 인간 심리를 공략하고 있다. 사실 숏폼, 소셜미디어, OTT 등의 미디어 플랫폼은 알고리즘과 데이터 분석을 통한 개인별 맞춤형 서비스와 최신 콘텐츠를 제공하고 있지만, 많은 사람에게 디지털 의존증을 일으키는 요인이 되고 있다. 디지털 상시 접속 환경에서 최신의 정보와 트렌드에 대한 추구는 '포모(FOMO: Fear of Missing out, 유행에 뒤처지는 것에 대한 두려움과 스트레스를 경험하는 상태)' 증후군이라는 병리적 현상을 낳을 정도다.

태어날 때부터 온라인 환경에서 살아온 젊은 세대는 '포모'를 넘어 온라인에 연결돼 있지 않은 상태를 견디기 어려워하는 경우가 적지 않다. 과거처럼 영화관에 사람들이 많이 가지 않는 현상은 TV나 모바일 단말기로 OTT 스트리밍 서비스를 이용하는 방식이 일반화하면서 생겨난 일이다. 그런데 일부 젊은 세대는 영화관에 가기 싫은 이유를 두세 시간 동안 스마트폰을 사용하지 못하는 상황이 싫어서라고 답하기도 한다. 온라인 상태는 메시지에 바로 응답할 수 있고 원하는 정보에 즉시 접근할 수 있는 강한 효능감의 경험이지만, 뒤집어 말하면 이는 접속해 있지 않으면 머리칼이 잘린 삼손처럼 무기력해지는 경험이 될 수도 있다.

'더 적절한 정보'를 판별하는 기준

그래서 '더 많은 정보'와 마찬가지로 '더 최신의 정보'를 추구하는 행위도 무용하고 위험한 일이 될 수 있다. 오늘날 AI 시대에는 더 많은 정보나 더 최신의 정보 그 자체를 욕망하는 것보다 중요한 게 따로 있다. 무엇이 나에게 지금 이 상황에서 가장 필요하고 적절한 것인지를 알고 그것을 추구하는 것이다. 그런데 무엇이 지금 나에게, 현 상황에서 '적절한 정보'인지는 어떻게 알 수 있는가? 또한 그 기준은 무엇이 되어야 하는가? 명시적으로 동의하지 않았어도 많은 이용자가 자신이 만날 정보와 형식을 인공지능 에이전트와 그 추천에 위임하고 있다. '적절한 정보'란 자신이 주체적 이용자, 결정권자가 되어 판단하는 정보를 의미한다. 그 정보는 인공지능이 추천해준 것일 수 있으나, 선택의 기준은 항상 '나에게 적절한 것인가'이어야 한다. 이는 무한 정보와 인공지능 환경에서 이용자가 최종적인 선택과 판단을 에이전트나 외부에 위임하지 말고, 스스로 행사해야 함을 의미한다.

자신에게 무엇이 적절한 것인지를 아는 것은 자신에 대한 메타인지, 또 현 상황에 대한 메타인지를 의미한다. 자신에게 필요한 것을 알기 위한 노력이 바로 자기객관화, 다른 말로 메타인지다. 내가 무엇을 알고 있고 무엇을 모르고 있는지 자신의 인지 상태를 객관화하고 지금 상황에서 무엇이 중요하고, 중요하지 않은지를 파악하는 능력이다. 그 이후에 비로소 언러닝이라는 효율적인 비움학습이 가능해진다.

비움학습을 위한 구체적 방법

일상에서 비움학습에 나서기 위한 구체적 방법으로 아래와 같은 것들을 추천한다.

하나, 의도적으로 낯선 환경이나 상황에 노출되는 것을 선택하기. 사람들은 대부분 익숙하고 예측이 가능한 상황을 편안해하고 선호한다. 학교 또는 직장에서 대화나 식사 상대는 대개 친하고 편안한 동료들이다. 즐겨 찾는 장소나 콘텐츠도 자신이 즐거움과 편안함을 느끼는 대상인 경우가 많다. 편안함과 안정감을 우선시하는 생활방식은 친숙하고 낯익은 환경을 바꾸기 어렵게 한다. 낯설고 새로운 환경을 만나기 위해서는 의도적인 선택을 해야 한다. 그 첫걸음은 자신이 포기하지 않으려는 편안함과 익숙함의 조건이 무엇인지를 파악하는 것이다. 구체적인 실천 방법은 자신이 깊이 의존하고 있거나 편안함을 느끼는 대상들의 목록을 만들어보는 것이다. 그 목록에서 기존의 방식을 포기할 수 없는 것들과, 잠시 다른 방식을 경험해보거나 바꿔볼 수 있는 대상들을 구분해보는 게 좋다. 그런 뒤 후자의 대상부터 하나씩 변화를 시도해본다면 비움학습이 시작되는 것이다.

둘, 도전과 실패를 겁내지 않고 일단 시도해보기. 실리콘밸리의 벤처투자가들이 창업자들의 실패 경험을 높이 평가하는 이유는 실패로 얻는 배움이 무엇보다 값지기 때문이다. 다른 사람이 설명한 내용과 상상을 통해서 무언가를 이해하는 것과 자신이 실제로 뛰어들어 부딪혀본 다음 그것을 이해하는 것은 하늘과 땅 차이다. 직접적 경험을 통해 사람들은 이야기와 논리 같은 간접적 경험으로는 맛보기 힘든 다양하고 소중한 정보와 감정, 타인의 반응을 만날 수 있다. 인간이 인공지능이 따라 하기 어려운 사람만의 '암묵지暗默知, tacit knowledge'를 얻게 되는 것은 경험을 통해서다. 암묵적 지식은 경험과 배움을 통해 몸으로 알고 있지만 말로 설명하기 어려운 지식과 노하우를 뜻한다. 설명할 수 있고, 그래서 가르칠 수 있는 '명시적 지식explicit knowledge'과 대조되는 개념이다. 실패는 사물의 운영원리, 자신의 한계와 무지 등 이전까지 모르던 것을 깨닫게 해주는 가장 효율적인 학습방법인데, 그것을 얻는 방법은 실패를 두려워하지 않는 태도다. 실패를 통해서 우리는 지금까지의 지식과 방법이 통하지 않는다는 사실을 깨닫게 되고, 새로운 배움에 나설 기회를 만난다. 비움학습이 필요함을 온몸으로 받아들이게 되는 순간이다. 미래가 보장되지 않고 익숙지 않은 일에 도전하는 것은 불안감을 안기고, 그 일은 실패 가능성이 높지만, 실패를 두려워하지 말고 경험을 통해 배우는 것에 높은 가치를 두어야 한다.

셋, 소통과 협업, 피드백을 통한 자기객관화 프로세스 만들기. 우리는 다른 사람의 생각과 관점을 만날 때 자신이 가진 세계의 한계와 편협함을 깨닫는다. 소통과 협업은 자신이 알고 있는 것이 부족하다는 사실을 인정하고 다른 사람들의 역량과 관점을 적극적으로 수용하는 행위다. 타인과 소통하고 협업하는 과정에서 우리는 자연스럽게 비움학습을 경험하게 된다. 효율적인 비움학습에 나서기 위해서는 자신의 생각과 경험의 한계를 깨닫게 만드는, 자기객관화의 방법들을 마련하는 게 도움이 된다. 내 눈으로는 보기 어려운 내 얼굴을 보여주는 거울이나 사진처럼 자신의 객관적 상태를 알려주는 것은 제3자의 관점이다. 또한 자신은 지나치게 익숙해서, 또는 인지 부조화 등 각종 인지적 편향에 빠져서 인식하지 못하는 내 사고방식이 지닌 오류나 편협함을 알려주는 것은 이러한 제3자의 관점이다. 타인과의 일회적 접촉을 통해 자기객관화를 하기는 어렵다. 장기적 관점에서 자신의 배움과 성장에 관심 있는 친구와 멘토의 도움을 받아 자신의 사고

방식을 확장하고 객관화하는 게 필요하다. 또한 주변에 적극적으로 피드백을 요청하고, 비움학습의 과정에 대해 스스로 성찰하고 기록하는 습관을 만드는 것도 도움이 될 수 있다.

（4）

감식안과 비평가

노벨상은 수식어가 필요 없는 세계 최고 권위의 상이다. 다이너마이트를 발명한 알프레드 노벨이 '죽음의 상인'이라는 오명을 벗으려 상을 만들었다는 사연과 14억 원(1100만 스웨덴 크로나)에 이르는 상금, 전 세계적인 관심과 화제성도 특별하다. 물론 노벨상보다 역사가 깊고 상금이 더 많은 상들도 있지만, 노벨상에 견줄 만한 상은 없다. 노벨상의 권위는 역사와 상금, 인기에서 비롯한 게 아니라 수상자들의 명성으로 쌓은 결과물이기 때문이다.

노벨상 심사는 철저히 비공개로 이뤄지기 때문에 누가 받을지 미리 알 수 없다. 해마다 노벨상 발표를 앞두고 도박 사이트에서 수상자 맞추기 내기가 벌어질 정도다. 국내외 언론에서는 해마다 연말이면 누가 올해 노벨상을 받을지 예측하는 기사를 내보내는데, 맞출 때도 더러 있지만 뜻밖의 인물이 수상자가 되는 경우가 더 많다. 그런데 노벨상 발표 과정에서는 독특한 현상이 반복된다. 올해 누가 수상자가 될지는 점치기 어렵지만, 일단 수상자 명단이 발표되고 나면 전문가들이 수상자에 대해 이의를 제기하는 경우가 거의 없다는 점이다.[21] 프랑스의 실존주의 작가 장폴 사르트르는 1964년 노벨문학상 수상자로 선정되었지만, 수상을 거부해 화제가 되었다. 이 사건은 후에 많은 비판과 논쟁을 낳았지만, 그렇더라도 사르트르의 문학적 성취에 대한 문제제기는 거의 없었다. 당시 사르트르는 문학이 제도적 권위나 사회적 명예에 종속되지 말아야 하고, 노벨상 같은 저명한 상이 작가의 자율성과 독립성을 침해해서는 안 된다는 생각으로 수상을 거부했다. 이처럼 새로운 논쟁거리가 생겨나기도 하고 미리 수상자를 예측하기는 언제나 어렵지만, 노벨상 수상자는 항상 해당 분야의 최고 전문가들로부터 광범하게 인정받는 사람이라는 사실만은 변함없다. 선별된 최고의 전문가들이 어떠한 압력이나 로비에도 통하지 않는 엄정한 심사를 통해 수여한다는 점이, 노벨상이 최고 권위의 상으로 평가받는 이유다.

2024년 작가 한강에게 수여된 노벨문학상도 예외가 아니다. 한국인으로는 처음이고, 아시아 여성으로는 두 번째, 역대 일곱 번째로 젊은 노벨문학상 수상자라는 점이 눈길을 끌었다. 한강은 영국의 노벨상 베팅사이트 래드브룩스Ladbrokes에서도 전혀 주목받지 못한, 예상 밖의 후보였다. 하지만 한강의 수상이 결정되자, 세계 유수의 언론과 평론가들은 한강의 작품세계가 얼마나 독특하고 탁월한지에 대해 찬사를 쏟아냈다. 스웨덴 한림원은 한강을 수상자로 발표하면서 "한강 작품은 역사적 트라우마에 맞서며 인간 삶의 연약함을 폭로하는 강렬한 시적 산문"이라고 선정 이유를 밝혔다.[22]

노벨상과 쇼팽콩쿠르의 권위는 어떻게 만들어졌나?

노벨상 후보는 어떠한 과정을 통해서 선정이 이뤄지기에 해마다 그 분야에서 가장 뛰어난 사람을 뽑을 수 있는 것일까? 과학 분야의 경우 세계적 권위의 학술지 심사처럼 해당 분야의 최고 권위자들로 구성된 심사위원회의 검토와 평가로 후보가 압축된다. 하지만 노벨문학상은 기본적으로 전문가들의 영역인 과학 분야와 차이가 있다. 문학은 언어로 매개된 인간의 생각이자 예술적 표현물이라는 특성을 띠며, 그만큼 작가별 개성이 매우 뚜렷하다. 노벨문학상 수상작이 곧바로 세계적 베스트셀러가 되는 것처럼 전 세계 독자들이 관심을 기울여서 직접 사서 읽거나 그 작품세계에 빠져드는 점도 다른 부문의 노벨상과 구별된다. 노벨문학상은 그 대상이 문학이라는 점에서 우수성에 대한 객관적 기준과 합의가 어렵다. 그 기준도 작가별, 장르별, 언어권별, 문화권별로 다양하다. 스웨덴 한림원의 노벨문학상 심사위원회는 스웨덴의 작가, 평론가, 교수, 번역가, 출판인 등으로 구성돼 세계 각 국에서 추천받은 작가들의 작품을 읽고 1년 동안 비공개 심 사를 통해 수상자를 선정한다. 구체적으로 보면, 1차로 추천 받은 200여 명 후보 중에서 예비 후보자 20여 명으로 압축 한다. 그중에서 다시 최종 후보 5명을 선정하고 나면 노벨문 학상 위원회와 스웨덴 한림원 전체가 여름 내내 이 작가들 의 작품들을 읽고 평가한다. 9월 한림원 회원들은 최종 후보 자들의 작품과 작가별 보고서를 놓고 토론을 진행하고, 10월 초 한림원 전체 회원의 투표(과반수 찬성)를 통해 수상자를 최 종 선정한다. 노벨문학상 심사위원인 스웨덴 작가 엘렌 맛 손은 "세상에 훌륭한 작가는 매우 많다. 단순히 훌륭한 작가 가 아니라, 모든 작품에서 일관된 힘과 발전, 그리고 다른 곳 에서는 들을 수 없는 고유한 목소리가 느껴지는 작가여야 한 다"고 그 기준을 설명한다.[23] 선정 과정과 후보 명단, 심사 내 용은 50년간 공개되지 않는다. 오랜 세월 세계 최고 권위 노 벨상의 가치와 지위에 변함이 없는 것은 심사위원회의 전문 적이고 공정한 심사와 높은 안목 덕분이다.

노벨상이 주어지는 문학, 과학 같은 분야에서만 심사위원 의 안목과 전문성이 결정적인 게 아니다. 쇼팽 국제피아노콩 쿠르는 세계 최고 피아니스트의 산실이다. 5년마다 열리는 쇼팽콩쿠르에서는 조성진(2015년 1위)을 비롯해, 블라디미르 아슈케나지(1955년 2위), 마우리치오 폴리니(1960년 1위), 마르 타 아르헤리치(1965년 1위), 크리스티안 지메르만(1975년 1위),

당타이선(1980년 1위), 스타니슬라프 부닌(1985년 1위) 같은 세계적인 피아니스트들이 배출됐다. 쇼팽콩쿠르의 권위 또한 심사위원회가 결선에 오른 세계 최고 수준의 피아니스트 중에서도 미래에 가장 빛을 뿜을 연주자를 골라내는 안목을 갖춘 덕분이다. 콩쿠르 심사위원들이 보여주는 남다른 감식안의 비결은 무엇일까? 대부분의 심사위원들은 과거 쇼팽콩쿠르 입상 경험이 있는 피아니스트들이다. 쇼팽콩쿠르를 위해 누구보다 오랜 준비와 경험을 거쳤으며, 쇼팽 작품에 대한 깊은 이해와 해석 능력을 갖췄다는 게 심사위원들의 공통점이다. 쇼팽콩쿠르를 소재로 한 일본 애니메이션 〈피아노의 숲〉에서 잘 묘사되어 있듯, 콩쿠르 심사위원들은 단순히 악보를 완벽하게 재현하는 연주력이 아니라 연주자의 개성과 음악적 해석, 감정적 표현에 높은 점수를 준다.

노래, 요리 등 서바이벌 예능 프로그램의 성공은 경연 참여자들과 구성 못지않게 심사위원의 역할이 핵심이다. 2024년 넷플릭스의 요리 경연 프로그램 〈흑백요리사: 요리 계급 전쟁〉은 방송 직후부터 세계 여러 나라에서 시청률 1위를 기록하며 '흑백요리사 신드롬', 'K 요리' 열풍을 일으켰다. 100명의 요리사들이 펼치는 요리 경연 〈흑백요리사〉의 성공에는 예리하고 정확한 심사평으로 요리사들의 생존 여부를 결정하는 심사위원의 역할도 컸다. 방송인이자 외식 체인 경영자인 백종원과 국내 유일 미쉐린 3스타 셰프인 안성재가 심사위원을 맡아 요리를 감별했다. 백종원은 대중성에 기반해 직관적인 맛과 결과를 중시하는 대중 친화적인 관점에서 심사를 했고, 안성재는 요리에 담긴 의도와 과정을 중요하게 보며 음식의 조화, 미식 등 음식문화에 대해 높은 기준을 제시하는 전문가의 관점을 대변했다. 단순하게 "맛있다", "맛이 부족하다"라는 식의 평가가 아니라, 요리에 대해서 향과 신선도, 익힘 정도, 식감, 맛의 어울림, 창의성, 대중성 등 풍성하면서 정확하게 품평을 하는 심사위원들의 심사평은 밈과 패러디의 대상이 될 정도로 인기였다. 이들의 심사평은 요리 경연 프로그램의 시청률을 높여줬을 뿐 아니라 음식·요리의 가치와 재미에 대한 인식 개선을 이끌었고, 심사위원들이 어떠한 전문성으로 오늘날의 명성을 얻게 되었는지 보여주는 역할도 했다.

사람들이 열광하고 칭송하는 상이나 경연대회의 권위와 재미는 심사위원들이 얼마나 뛰어난 전문성과 예리한 안목을 갖췄는지에 달려 있다. 인공지능이 아무리 똑똑하고 강력해진다고 해도 이러한 전문가의 능력, 뛰어난 감식안의 가치는 달라지지 않는다.

인공지능이 불러온 창작의 민주화

인공지능과 자동화 기술이 발달하면서 '창작의 민주주의 시대'가 열렸다는 기대가 널리 퍼졌다. 글쓰기, 그림 그리기,

작곡, 코딩 등 각종 과업에서 인공지능이 전문가 수준의 결과물을 순식간에 만들어내는 능력을 입증한 덕분이다. 타고난 재능이나 오랜 기간 훈련 없이도 누구라도 인공지능을 활용하면 전문가 수준의 작품을 생산해낼 수 있게 될 것이라는 견해다. 챗GPT, 미드저니, 달리, 제미나이, 코파일럿 같은 생성 인공지능 도구의 출현은 이러한 창작 환경의 민주화를 구현할 핵심 수단으로 여겨졌다.

이런 견해는 전문직 일자리가 위협받고 불안해질 것이라는 예측으로 이어졌다. 인공지능 도구는 자동화 기술과 결합해 많은 전문직을 포함한 일자리를 대체하거나 소멸시킬 것이라는 연구기관들의 전망도 쏟아졌다. 한국은행은 2023년 〈AI와 노동시장 변화〉 보고서에서 직무의 AI 노출 지수를 근거로, 직종별 AI 대체 위험도를 다뤘다.[24] 이 보고서는 의사, 회계사, 변호사 등 고소득 고학력의 전문직일수록 인공지능에 더 많이 노출돼 있어 대체 위험이 크다고 분석했다. 산업연구원도 2024년 〈AI시대 본격화에 대비한 산업인력양성 과제〉 보고서에서 유사한 전망을 내놓았다.[25] 이 보고서는 "인공지능의 급속한 발달로, 한국에서 AI가 대체할 수 있는 일자리가 전체 일자리의 13% 수준인 327만 개에 달할 것"이라며, 그중에서도 AI가 대체할 수 있는 일자리의 60%가 전문직에 집중돼 있어 전문직의 일자리 소멸 위험이 특히 크다고 경고했다.

앞 장에서 살펴보았듯이 생성 인공지능은 그동안 어렵다

고 여겨졌던 창의성과 깊은 사고, 전문직 자격시험, 정교한 지적 노동 분야에서 사람보다 뛰어난 능력을 입증하고 있으며, 빠르게 발전하고 있다.

하지만 인공지능이 전문가를 대체할 것이라는 주장은 절반만 맞다. 과거와 비교하자면, 전문가가 되기 위한 장벽은 확실히 낮아졌다. 자동번역 도구(딥엘, 파파고, 구글 번역 등), 코딩 보조프로그램(코파일럿, 코드위스퍼러, 챗GPT), 이미지 생성 도구(미드저니, 달리, 소라 등)를 비롯해 인공지능 기술은 과거 전문가가 제공하던 고가의 서비스를 무료 또는 헐값에 제공하는 상황이다. 비전문가일지라도 이러한 도구를 활용하면 과거 전문가들이 경험과 집중력을 발휘해 처리하던 것보다 훨씬 많은 업무를 빠르게 끝낼 수 있다.

다시 강조하지만, 지금까지 전문가가 되기 위해서는 전문적인 교육기관이나 수련 과정을 거쳐야 했다. 대부분의 전문직은 시험 통과만이 아니라 이러한 전문적인 교육과 수련 과정을 자격 부여의 필수 요건으로 두고 있다. 의료, 간호, 법률, 회계, 엔지니어링 같은 분야에서는 전문직 수행에 필요한 지식과 기술을 가르치는 교육 및 수련 과정이 자리 잡았다. 그러나 이제는 과거에 전문직 교육기관과 수련 과정을 통해서만 습득할 수 있던 지식과 기술이 모두에게 개방되고 있다. 온라인 개방형 공개강의MOOC에 접속하면, 유학을 가지 않아도 누구나 세계적인 명문대학의 강의를 수강할 수 있다. 개방형 논문 공유사이트 아카이브arXiv.org에는 최신 학술

논문들이 올라와, 전문 연구자만이 아니라 일반인도 이를 자유롭게 활용할 수 있다. 이러한 오픈액세스Open Access 환경 덕분에 인터넷엔 각 분야의 전문 정보가 쌓여 있고 누구나 손쉽게 이 정보를 접근하고 이용할 수 있게 됐다. 보건·의료, 토목·건축, 교통·운송, 소방·전기 등 공공의 안전과 관련된 직역은 여전히 엄격한 자격 요건과 관리 당국의 허가를 필요로 하지만, 이미 많은 영역에서 전문가와 비전문가 사이의 경계는 흐릿해지고 있다.

인터넷과 디지털, 인공지능 기술이 제공하는 정보와 서비스를 활용하면서 일반인들도 어렵지 않게 과거 전문가들만 가능했던 과업을 수행할 수 있게 되었고, 그런 영역이 점점 늘어나고 있다. 1인 유튜버, 독립 저널리스트가 지상파 방송이나 종합 일간신문 못지않은 영향력을 지닌 뉴스 채널로 인정받으며 활동하는 사례가 대표적이다. 이젠 등단 절차 없이 베스트셀러 저자가 된 작가, 소비자단체나 국가의 품질 평가기관 못지않은 마케팅 파워를 발휘하는 인플루언서, 각 분야에서 자격증이나 경력을 갖춘 직무 담당자보다 뛰어난 전문성을 지닌 '덕후'들이 넘쳐나는 세상이다. 자동차, 새, 부동산, 마라톤 등 전문가와 덕후들이 모여 있는 분야별 커뮤니티에서는 전문가를 길러내는 교육과 수련 과정에서도 습득하기 어려운 방대한 정보와 최신 사례, 노하우가 공유되고 있다. 소수의 집단에 허용되던 정보 접근 권한, 학습 기회, 발표 무대가 인터넷 덕분에 만인에게 개방되고 있다.

전문가의 역할이 AI 시대에 여전한 이유

하지만 그렇다고 누구나 수월하게 전문가가 되는 것은 아니다. 전문가가 되는 길은 여전히 좁은 문이다. 노벨상이나 쇼팽콩쿠르 수상자 선정 과정에서 보듯, 전문가의 역할은 인공지능으로 인해 빛이 바래지 않는다. 인공지능 환경으로 인해 전문가의 역할과 조건이 과거와 달라졌을 뿐이지, 그 가치가 낮아지거나 기능이 사라진 게 아니다. 오히려 거대한 격차를 불러오는 인공지능 세계에서 전문가와 전문성의 가치는 더욱 커지게 된다. 전문가는 자신의 분야에서 지렛대를 제대로 쓸 줄 아는 사람이기 때문이다. 그는 강력한 도구의 용도를 잘 알고 적절하게 다뤄, 일반인이 할 수 없는 일을 한다. 인공지능 기술과 서비스가 등장했다고 해서 전문가와 일반인을 나누는 구분선은 사라지지 않는다.

딥러닝의 아버지로 2024년 노벨 물리학상을 받은 토론토대학의 제프리 힌턴 교수는 2016년 한 행사에서 "영상의학 전문의 양성을 당장 그만둬야 한다"고 공개적으로 발언했다.[26] 5년 안에 딥러닝이 영상의학 전문의를 능가할 것이 분명하다는 이유에서였다. 이후 'AI 의사 대체론'이 확산됐고, 그사이 인공지능 기술도 크게 발달했다. 힌턴 교수의 예측대로 인공지능 질병 판독 기술은 영상의학 전문의의 능력을 뛰어넘었다. 하지만 현실에서 인공지능이 영상의학 전문의를 대체하는 일은 일어나지 않았다. 오히려 인공지능 시대에 영상의학 분야는 과거보다 전문의 지원 경쟁이 훨씬 치열해진 인기 전공으로 바뀌었다. 미국 최고의 종합병원 중 한 곳으로 꼽히는 메이요클리닉이 대표적이다. 2016년 힌턴 교수의 경고 이후 메이요클리닉의 영상의학 전문의는 오히려 55%나 늘어나 400명을 넘어섰다.[27]

왜 이런 현상이 일어났을까? 인공지능 기술이 빠르게 발달했지만, 영상의학 전문의들도 가만히 지켜보고만 있지 않았고 변화에 능동적으로 대응했기 때문이다. 그들은 최신 인공지능을 영상의학 진단에 어떻게 활용해야 하는지 가장 잘 아는 사람들이었고, 누구보다 빠르게 관련 기술을 학습해 실제 진료에 적용할 수 있는 직업군이었다. 신기술과 지식으로 인해 작업 환경이 바뀌었는데 변화를 거부하고 과거 상태에 머물러 있는 사람이라면, 그는 새로운 기술과 트렌드에 의해 대체될 가능성이 높다. 하지만 변화를 수용하고 새로운 정보를 학습한다면 최신 도구나 기술에 밀려나지 않는다. 오히려 새로운 기술과 트렌드가 가져온 변화를 가장 잘 활용하는 사람이 변화의 흐름 속에서 더 큰 역량을 발휘하고, 중요한 역할을 맡게 된다. 그 변화를 빨리 알아채서 새로운 기술을 자신의 도구로 삼는 게 바로 진정한 전문가의 역량이다.

전문가가 되려면 과거에는 특별한 교육과 공식적인 허가·인증, 협회 소속, 경력, 사업장 같은 형식적 요건이 중요했다. 이젠 달라졌다. 앞으로의 전문가에게는 지난날에 요구되던 정형적이고 구체적인 요건보다 내용적이고 실질적인 역량을 갖췄는지가 훨씬 중요한 기준이 된다. 전문가의 정의와 역할이 달라진 것이다. 이러한 변화를 받아들이지 못하고 자격증 같은 형식적 기준이나 과거 관행에 머물러 있다면 그 지위는 사라지거나 대체될 수밖에 없다. 거꾸로 전문가의 역할과 요건이 달라졌음을 알고 자신의 영역에서 생겨나고 있는 새로운 변화를 적극 수용하고 학습하는 전문가는 현재의 지위와 역할이 더욱 굳건해진다. 앞서 진료 과정에 인공지능을 도입하고 이를 활용하는 법을 익힌 영상의학 전문의들이 그 예다.

변화에 수동적으로 대응하는 전문가는 앞으로 그 지위를 유지하기 어렵다. 앞장서서 새로운 상황에 맞게 능동적으로 자신의 직무를 규정하는 사람이 새로운 시대의 전문가다. 직무와 외부 환경에서 생겨나는 변화를 적극적으로 수용하고 학습하려면 무엇보다 먼저 필요한 것이 있다. 그것은 바로 자신이 몸담고 있는 직무 영역과 그 너머 세계에서 일어나고 있는 변화를 감지하는 일이다. 정교한 감지 능력이 없다면, 새로운 정보를 배우고 익히기 위한 학습에 나서기는커녕 변화가 닥친 것조차 알 수 없기 때문이다.

물론 변화에 대한 민감성은 전통적인 전문 직종에서도 오래전부터 중요한 덕목으로 요청되어왔다. 전문가란 본디 작은 차이를 포착하고 의미 있는 변화를 읽어내는 사람이다. 그러나 AI 시대의 특징은 변화의 속도가 훨씬 더 빠르고, 그 영향의 범위가 직무와 산업의 경계를 넘어 사회 전반으로 확산된다는 점에 있다. 진정한 전문가는 자격증이나 경력, 명성에 의존하지 않고 자신의 분야에 대한 높은 이해도를 바탕으로 미세한 변화와 새로운 움직임까지 빠르게 업데이트하는 사람이다. 즉, 해당 분야에서 누구보다 열성적인 학습자다.

쇼팽콩쿠르 심사위원들은 참가 후보들의 연주에서 미묘한 표현과 해석 의도를 포착하는 데 뛰어난 전문가들이다. 20세기의 전설적인 첼로 거장 파블로 카잘스(1876~1973)는 여든이 넘은 나이에도 날마다 몇 시간씩 연습하고 공연 활동도 왕성하게 했다. 카잘스는 어느 날 한 작가로부터 이런 질문을 받았다.[28] "당신은 이미 가장 위대한 첼리스트인데 80대인 지금도 날마다 너댓 시간씩 연습하는 이유가 무엇인가요?" 카잘스는 머뭇거리지 않고 바로 대답했다. "왜냐하면 내 연주 실력이 날마다 조금씩 나아지고 있다는 걸 느끼기 때문이지요." 20세기 최정상급 바이올린 연주자인 야사 하이페츠(1901~1987)는 "프란츠 리스트의 말처럼, 연습을 하루 쉬면 내가 알고, 이틀을 쉬면 비평가들이 알고, 사흘을 쉬면 모든 사람이 알게 된다"고 말했다.[29]

파블로 카잘스, 야사 하이페츠의 일화는 "대가들도 연습벌레"라는 사례로 인용되지만, 이는 동시에 최고의 전문가들이 공통적으로 지닌 중요한 능력을 알려준다. 연주이건, 스포츠 경기이건, 학술논문이건 자신의 영역에서 미세한 차이를 읽어내는 능력이다. 대부분의 사람들이 지나치는 미묘한 차이를 정확하게 식별해내고, 그 의미와 영향을 파악하는 능력이 전문가의 핵심 역량이다.

　어떻게 하면 미세한 차이를 식별할 수 있는 전문성을 지닐 수 있을까? 여기에 지름길은 없다. 관련된 지식과 경험을 풍부하게 쌓아야 하며, 대상에 대한 열정과 집중력이 필수다. '1만 시간의 법칙'이 설명해주듯, 오랜 기간의 의도적 훈련은 전문성과 탁월함을 갖추는 가장 효과적인 방법이다. 반복적이고 의도적인 훈련 과정에서 비로소 자신의 영역에서 미세한 차이를 식별하는 능력이 생긴다. 대상에 대한 남다른 관심과 의도적 훈련으로 축적하게 되는 전문성은 미묘한 차이를 식별해내는 감별 능력의 핵심이다. 동시에 이러한 감별 능력은 관심 대상에 대한 애정과 전문성을 더 깊게 만드는 작용을 한다. 즉, 의도적 훈련과 감별 능력은 상호 의존하면서 상승작용을 하는 선순환 고리를 이룬다. 이는 정보사회에서 낡은 정보를 새로운 상태로 업데이트하기 위해 필수적인 언러닝에서도 마찬가지다.

　언러닝은 새로운 현상이나 정보가 생겨났다고 해서 기존의 지식과 방법을 전면적으로 폐기하고 갈아엎는 행위가 아니다. 언러닝은 자신이 이미 알고 의존하고 있는 지식과 노하우에서 어떤 부분이 낡아 더 이상 적절하지 않게 되었는지를 알아챌 수 있는 능력을 필요로 한다. 그러한 감별 능력을 갖춘 사람이라야 무엇을 버리고 무엇을 새롭게 업데이트해야 할지를 구분할 수 있다. 이는 저절로 되지 않는다. 인공지능에 맡겨놓을 수도 없다. 직접 본인이 감별 능력을 갖추고 있어야 AI 비서나 인공지능의 도움이 언제 어떻게 필요한지 알 수 있다. 인공지능 환경에서 감별 능력을 갖추기 위한 의도적인 훈련과 이를 통한 전문성 함양이 여전히 중요한 이유다.

과거에는 이 길이 매우 험난했다. 오랜 수련기간을 거쳐야 했고, 그 과정을 통과한 극소수만이 감식안을 갖춘 전문가가 될 수 있었다. 대부분은 중도에 탈락하거나, 뛰어난 스승을 만나지 못해 한계를 넘지 못했다. 전문가가 된다는 것은 본질적으로 소수에게만 열려 있는 좁은 문이었다.

그러나 이제 상황은 달라지고 있다. AI가 맞춤형 개인교사이자 만능 도우미로서, 과거에 소수만이 누리던 정교한 피드백을 제공해준다. AI는 학습자가 자칫 놓치기 쉬운 차이를 짚어내 알려주는 도구이자, 자기객관화를 돕는 최고의 개인교사 역할을 할 수 있다. 나아가 학습자의 동기를 북돋우며, 그들이 자신의 상태와 목적에 맞게 배움의 방향을 설정하도록 지원해준다. AI를 특정한 역량 학습을 위한 개인교사로 활용한다면 자신에게 맞는 방식으로 학습 여정을 설계하고, 실수와 교정을 통해 성장하며, 점점 더 예리한 감식 능력을 갖추어나갈 수 있다. 덕분에 전문성은 더 이상 타고난 재능을 지닌 소수만, 운 좋게 뛰어난 스승을 만난 일부만 얻게 되는 능력이 아닌 것이 됐다.

AI 활용 여부와 무관하게 미세한 차이를 알아내는 과정에서는 한계 지점을 경험하는 것이 무엇보다 중요하다. 한계를 경험한다는 것은 목표로 정한 일이 어떠한 조건에서 가능하고 어떠한 조건에서 불가능해지는지를 깨닫는 일이며, 그 경험을 통해 둘 사이의 미세한 차이를 알 수 있다. 한계 지점은 경계선인 동시에 최전선을 의미한다. 신기록을 세우기 위해서는 현재 최고 기록과 자신의 기록을 알고 그 차이의 의미를 파악해야 한다. 최고 기록은 현재 시점에서의 한계 지점을 의미한다. 어디가 현재의 한계 지점인지를 파악하지 못한 상황에서는 한계에 가까이 다가서거나 넘어서는 것이 거의 불가능하다.

한계 지점은 기술 개발이나 학술 연구, 또는 스포츠 경기에서 모두 통용될 수 있다. 남들이 하지 못한 의미 있는 연구 업적을 세우기 위해서는 해당 분야에서 지금까지 이뤄진 연구의 전체적 지형도를 파악하는 것이 먼저다. 기술 개발, 스포츠에서도 새로운 업적과 기록을 만들어내자면 무엇보다 현재의 지형도를 파악하는 일이 필요하다. 현재의 지형도는 지금까지 무엇이 밝혀졌고 무엇이 밝혀지지 않은 상태인지를, 또 무엇이 가능하고 무엇이 불가능한지를 알려준다. 첨단기술 개발, 최고 수준의 스포츠 과학 연구의 최전선은 현재 시점에서의 경계선, 즉 한계를 다루는 일이다.

최고의 전문가는 해당 분야에서 가장 기술이 뛰어나거나 탁월한 능력을 갖춘 사람이라기보다, 자신의 분야에서 경계선과 한계를 잘 알고 있는 사람이다. 한계는 실수, 실패와 관련이 깊다. 원자 모형을 만든 물리학자 닐스 보어는 "전문가는 아주 좁은 범위에서 일어날 법한 실수란 실수는 모두 경험해본 사람"이라고 정의했다.[30] 불확정성의 원리를 주창한 물리학자 베르너 하이젠베르크 또한 "전문가는 자신이 다루는 주제에서 발생할 수 있는 최악의 실수들과 그 실수를 피하는 법에 대해 웬만큼 알고 있는 사람이다"라고 말했다. 보어와 하이젠베르크는 양자역학을 개척한 공로로, 각각 1922년과 1932년에 노벨물리학상을 받았다.

전문가는 사라지지 않는다. 다만 변화할 뿐

토목·건축 공사는 독립된 세 가지 공정으로 진행된다. 설계, 시공, 감리의 공정이다. 아무리 튼튼하고 멋진 건물의 설계도를 완성했다고 해도 시공이 제대로 이뤄지지 않거나 이를 감독·평가하는 감리 공정이 제대로 이뤄지지 않으면 부실 공사가 된다. 비단 토목·건축과 같은 엔지니어링 영역만이 아니라, 모든 일에서 감리와 감독이 부실하면 품질을 담보할 수 없다. 명품으로 인정받기 위해서는 한 땀 한 땀 정성을 쏟는 장인의 기술만으로 충분하지 않다. 기준에 못 미치는 제품을 매의 눈으로 골라내는 품질 관리가 없으면 장인의 노력도 물거품이 되고 만다. 품질을 책임지는 사람은 설계·시공자가 아니라 감리자다. 여러 전문가들이 팀을 이뤄 만들어내는 일에서 가장 중요한 역할은 감독이 맡는다. 2002 한일 월드컵에서 거스 히딩크 감독이 입증한 것처럼 축구팀의 경기력은 감독에게 달려 있다. 오케스트라의 수준과 역량 또한 철저하게 지휘자에게 의존한다.

뛰어난 스포츠 경기 감독이나 오케스트라 지휘자가 되기 위해선 박사학위 같은 이론적 능력보다 선수나 연주자로서의 구체적 경험이 훨씬 중요하다. 하지만 선수와 연주자 시절 최고의 능력을 발휘한 사람이 감독이나 지휘자로 항상 성공하는 것은 아니다. 그들에게 일선 선수와 연주자로서의 경험이 요긴하지만, 그것은 충분조건이 아닌 필요조건일 따름이다. 감독은 일선 선수와는 다른 능력과 태도를 갖춰야 한다. 감독의 기본 업무는 목표와 전략을 세우고, 이를 달성하기 위해 선수를 적재적소에 기용해 임무를 부여하고 독려하는 일이다.

감독의 역할은 보유 자원을 효과적으로 투입해 성과를 내는 것, 목표를 이루기 위해 올바른 결정을 내리는 일이다. 그럼 뛰어난 감독이 갖춰야 할 능력은 무엇일까? 감독에게는 뛰어난 전략, 유능한 선수, 구단의 자금력, 리더십도 필요하지만 이 모든 것에 우선하는 것이 감식안이다. 선수와 경기를 정확하게 파악하는 능력이다.

히딩크 감독이 만들어낸 월드컵 4강 신화는 그의 탁월한 감식안과 관련이 깊다. 2001년 1월부터 2002년 7월까지 한국 축구 국가대표팀 감독으로 재임한 히딩크 감독이 부임 직후 선수들을 테스트한 뒤 내놓은 평가는 '예상 밖'이었다. 히딩크는 한국 대표팀 선수들이 "기술은 좋은데, 체력이 약하다"고 평가했다.[31] 그동안 국내 축구 전문가들이 줄곧 말해온 것과 정반대였다. 한국 선수들은 체력과 정신력은 뛰어나지만, 유럽·남미 선수들에 비해 기술이 떨어진다는 것이 국내 축구계의 오랜 통념이었다. 히딩크는 자신의 감식안을 발휘해 한국 축구의 약점을 정확히 찾아냈고, 체계적인 체력 강화 훈련을 통해 전력 강화를 이뤄냈다.

사진 분야도 비슷하다. 이제는 스마트폰이 나오면서 모든 사람이 고화질 카메라를 휴대하고 세상 어느 곳이든 다니면서 사진을 촬영할 수 있게 됐다. 스마트폰 카메라의 성능도 발달해, 고화질은 기본이고 자동초점, 노출 최적화, 손 떨림 방지, 아웃포커싱, 다중노출 촬영 등 고성능 카메라로 손색이 없다. 누구나 간편하게 고화질 사진을 찍어 온 세상에 공유할 수 있게 된, 이미지 소통 시대다.

하지만 그렇다고 해서 모든 사람이 사진작가로 활동하거나 사진작가로 여겨지는 것은 아니다. 그 차이는 어디에서 생겨나는 것일까? 오늘날 사진작가들이 아마추어 사진동호회나 일반인들의 장비에 비해 특별히 비싸고 뛰어난 장비를 사용하는 것도 아니고, 촬영 기술이 특별한 것도 아니다. 그렇지만 한 폭의 그윽한 수묵화와 같은 소나무 풍경을 찍어내는 배병우 작가의 사진은 세계적으로 높이 평가받는 예술 작품이다. 인물사진과 상업사진을 위주로 작업하는 조세현 작가의 경우에는 스타 연예인을 비롯해 수많은 유명인이 그의 피사체가 되기를 고대한다고 한다. 그의 사진은 인물의 표정과 내면을 섬세하게 잡아내 자연스럽게 인물의 개성과 매력을 드러내는 데 뛰어나기 때문이다. 모든 사람이 이미지로 소통하는 세상에서 배병우, 조세현 같은 일급 사진작가들이 가진 남다른 능력은 무엇일까? 한마디로 섬세하고 남다른 감식안이다. 다른 말로 하면 자신만의 보는 눈이고, 작품의 가치를 평가하는 기준이다. 그것을 기반으로 자신만의 표현법을 가다듬고 작품세계를 일궈낸 것이 카메라를 들고 있는 다른 수많은 사람들과 구별되는 점이다.

최고의 예술가들은 자신의 기준에 도달하지 못한 결과물은 가차 없이 폐기한다는 공통된 특징을 갖고 있다. 도자기를 만들려면 정성을 기울여 도자기를 빚고 유약을 발라 높은 온도의 가마에서 구워내야 한다. 도자기 장인은 아무리 다른 사람의 눈에 아름답고 문제없어 보여도 자신의 기준에 미치지 못한 그릇은 주저 없이 깨버린다. 불완전함을 알아채고 용납하지 않는 감식안이야말로 장인을 장인으로 만드는 진짜 능력이다.

모두가 감별 능력을 가져야 하는 이유

탐구 대상의 특징, 현재 위치, 취약점, 한계 등을 정확하게 읽어내는 감식안은 축구감독과 예술가만이 아니라 거의 모든 전문직 종사자들이 갖춰야 할, 무엇보다 강력한 능력이다. 질병 치료에 정확한 진단이 필수이듯, 어떤 분야에서든 정확한 진단의 첫걸음은 감별 능력이다. 자신의 영역에서 미세한 차이를 식별해낼 수 있는 감별 능력을 갖춰야 진정한 전문가로 인정받을 수 있다.

그런데 인공지능 시대에는 감별 능력, 감식안이 전문가만이 아니라 모든 사람이 필수적으로 갖춰야 할 핵심 역량으로 부상하고 있다. 그 배경이 무엇인지 살펴보자.

첫째, 인공지능 기술의 발달로 업무 처리 방식이 정형화된 직무들은 빠르게 기계에 의해 대체되고 있다. 회계와 재무 관리는 자동화와 인공지능의 영향을 크게 받는 직무다. 장부 입력과 계산이 자동화되어 기존 인력의 역할이 줄었지만, 일부 회계사는 데이터와 인공지능을 활용한 컨설팅 서비스를 통해 기업의 전략적 재무 의사결정을 돕는 컨설턴트로 업무의 영역을 확장하고 있다. 기존의 컨설턴트 또한 직무에 인공지능을 적극적으로 도입하며 업무 방식을 업그레이드하고 있다.[32] 통·번역사도 인공지능 등장으로 위기에 몰릴 것으로 예상됐지만, 오히려 사업 기회가 늘고 규모가 확대되는 호황을 맞고 있다.[33] 기초적인 통·번역은 챗GPT에 맡기고 전문 서적, K팝 음원 자료, 첨단기술 같은 고부가가치 업무에 집중할 수 있게 되었기 때문이다. 인공지능 시대에 일자리를 유지하고 또 경력을 업그레이드하기 위해서는 누구나 기술 변화가 자신의 직무에 가져오는 크고 작은 변화를 감별해낼 수 있어야 한다. 한 미국 기업의 고객센터는 AI 챗봇 도우미가 도입되자 기본적인 Q&A상담 업무는 AI에 위임하고, 인간 상담원은 설득과 공감 업무를 맡게 해 생산성을 높였다.[34] 감별 능력이 전문가들의 전유물에서 오늘날 일자리를 유지해야 하는 모든 사람의 필수 역량으로 바뀌는 배경이다.

둘째, 인공지능의 활용도는 사용자의 감식 능력이 좌우한다. 모든 사람이 인공지능 기술과 서비스에 손쉽게 접근할 수 있다고 해서, 모든 사람이 효율적인 사용자가 되는 것은 아니다. 방대한 장서의 공공도서관은 모두에게 개방돼 있지만, 실제로 도서관에서 책을 대출해 읽는 사람은 소수에 불과하다. 누구나 생성 인공지능 도구를 이용해 고품질의 이미지를 만들어낼 수 있지만, 이를 작품에 활용할 수 있는 디지털 예술가 또한 극소수다. 건축설계사와 디자이너들은 이미지 생성도구를 가장 잘 활용하는 집단이다. 이들은 자신의 조형 의도, 소재, 조명 스타일에 맞는 이미지를 수십, 수백 장 생성한 뒤 그중 일부를 뽑아 3D 모델링, 실제 설치 작품으로 연결하는 사례가 많다.[35] 반면 일반 이용자들도 미드저니 같은 도구를 활용하지만 대개 그때그때 멋진 한 장의 그림이나 비현실적인 이미지를 만들어내는 데 그치는 경우가 많다. 일반 이용자들이 프롬프트(AI 명령어)를 한두 번 입력해 결과를 얻는 경우엔 인공지능을 이용했다는 걸 쉽게 알아챌 수 있다. 하지만 이미지 전문가들이 생성 인공지능 도구를 이용한 경우엔 다르다. 오랜 시간 프롬프트를 미세하게 변경해가며 입력해 이미지를 미묘하게 조정한다. 이들이 보유한 전문성은 다양한 프롬프트의 특징과 조작 방법에 통달해서 생겨난 게 아니다. 다양한 프롬프트를 제시할 때마다 이미지가 어떻게 달라지고, 그 결과 이미지가 전체적으로 어떠한 미적 느낌을 만들어내는지 미묘한 차이를 식별할 줄 아는 감별 능력이 전문성의 핵심이다. 모든 사람에게 공짜로 제공되는 도구라도 그 미세한 차이를 감별해내는 능력을 갖춘 사람과 그렇지 못한 사람의 결과물은 하늘과 땅 차이이다.

셋째, 감별 능력은 다양한 직무능력 중에서 최고 기술이다. 기술의 발달은 다양한 역할과 업무 가운데 감리와 감독의 역할과 권한을 극대화하는 구조를 만들어낸다. 건축만 해도 설계와 시공, 감리 업무는 확연하게 구분되는 별개의 직무였다. 그런데 인공지능, 로봇, 자동화 기술이 발달하면서 제조 공정의 대부분이 자동화되고 최종 단계(감리와 감독 과정)만 사람의 역할로 남겨놓고 있다. 설계 및 시공 과정은 점점 기계에 의해 자동화되지만, 최종 단계인 감리·감독은 결국 사람이 맡아야 하기 때문이다. 창작의 세계에서도 비슷한 현상이 나타나고 있다. 가수 조영남은 화가로 활동하면서 '대작 논쟁'에 휘말린 바 있다. 조영남은 2009년부터 7년간 무명화가에게 자신의 아이디어를 알려준 뒤 화투를 소재로 한 그림을 그리게 하고, 자신은 그 그림에 마지막 손질과 서명을 한 뒤 자기 작품으로 판매했는데, 그것이 문제가 되어 소송으로 이어진 사건이다. 2020년 대법원은 현대 미술에서는 아이디어가 핵심이라며 그 그림들이 조영남의 작품임을 인정하는 판결을 내렸다.[36] 창작에서는 제작, 실행보다 기획과 최종 감수의 역할이 핵심이라는 것을 알려준 판결이었다.

넷째, 사람이 만든 것과 기계가 만든 것을 구별하기 어려운 생성 인공지능 시대에는 감별 능력을 최고의 능력으로 요청한다. 과거에 콘텐츠를 만들어내고 이용하는 주체는 주로 사람이었지만 생성 인공지능 이후 사정은 완전히 달라졌다. 콘텐츠 생성과 이용을 사람이 아닌 기계가 담당하는 환경으로 바뀐 탓이다. 생성 인공지능과 챗봇이 24시간 쉬지 않고 방대한 규모로 콘텐츠를 생산함에 따라, 인터넷엔 사람이 만든 것보다 기계가 만들어낸 콘텐츠가 더 많아지고 있다.[37] 생성 인공지능의 등장은 진짜와 가짜가 구별되지 않는 딥페이크Deep Fake, 탈진실Post Truth 현상으로 이어졌다. 딥페이크 기술을 활용해 실제와 구분 안 되는 성착취물·합성물 유포, 가족의 목소리와 얼굴까지 복제한 금융사기, 선거 때 정치인의 발언과 이미지를 왜곡해 조작 콘텐츠를 퍼뜨리는 행위는 국내외를 가리지 않고 갈수록 늘고 있다. 기술이 발달할수록 탈진실 현상은 해결되기는커녕 더욱 풀기 어려운 문제가 되고 있다. 왜냐하면 인공지능과 딥페이크 기술이 발달해 진본과 사본을 구분하는 것이 갈수록 불가능해지고 있지만, 사람의 시각적·인지적 식별 능력은 기계처럼 빠르게 발달하거나 적응하는 것이 어렵기 때문이다. 그런 상황에서 사람이 만들어낸 것과 인공지능이 만들어낸 것, 진본과 사본의 차이를 식별해낼 수 있는 능력인 감식안은 어느 때보다 소중한 가치를 지니게 된다. 해당 결과물이 의심스러울 때에는 그것의 출처와 맥락을 파악하고, 의도와 정합성을 읽어낸 뒤 그것이 믿을 만한지 꼼꼼히 판단하는 능력이 요청된다.

뛰어난 감별사의 조건

과거에는 제도적으로, 관행적으로 정형화한 교육·수련 절차를 통해서 각 분야에서 필요한 감별 능력을 갖춘 전문가를 길러내는 게 일반적이었다. 하지만 이제는 두 가지 측면이 달라졌다. 하나는 언급한 것처럼, 전문가로 진입하는 문턱이 낮아졌고 그 경로가 모두에게 개방되었다는 점이다. 생성 인공지능 도구를 활용하면 기술과 전문성의 문턱을 어렵지 않게 넘어설 수 있다. 또 하나는 과거에 전문가가 해결해야 하던 과제가 정해져 있거나 틀이 지어져 있었다면, 새로운 시대에는 전문가가 직면하게 되는 문제가 훨씬 복잡해졌고 가변적이 되었다는 점이다. 즉, 과거엔 보통 사람이 해결할 수 없는 어려운 과제가 있었고 전문가가 고유의 기술, 지식, 경험에 기반해 이를 처리하는 게 일반적이었다. 의료, 법률, 엔지니어링, 기계 조작 등이 대표적이다. 그런데 인공지능 시대에는 해결 방법이 밝혀져 있는 과제는 대부분 기계에 의한 자동화로 처리된다. 해결책이 자명한 과제나 작업은 더 이상 사람이 아닌 기계의 몫이다. 해결책이 모호하고 복잡해서 자동화할 수 없는 문제만 사람의 몫이 된다.

예를 들면, 회계 전표 처리나 보고서 작성처럼 매뉴얼에 따라 반복적으로 처리하는 업무는 인공지능이 대체한다. 반면, 사람의 마음을 읽고 공감하며 맞춤형 답변을 제시해야 하는 심리상담이나, 현장마다 조건이 제각각이고 날씨·기온 등 변수가 다양한 상황에서 손으로 작업해야 하는 배관공·정원사·전기기사의 작업은 AI로 대체하기 어렵다. 환자 상태와 질환 정도에 따라 무수한 변수가 나타나기 쉬운 병원 응급실의 의사·간호사 업무도 마찬가지다. 복잡한 이해가 얽힌 갈등 상황 속 의사결정, 예술적 창작과 감정적 소통, 지속 변화하는 환경에서 사람을 상대하는 작업 등은 자동화가 어려운 영역이다. 앞으로의 전문가는 이러한 가변적이고 복잡한 과제를 해결할 수 있는 사람을 지칭할 것이다. 이 과정에서 인공지능이 할 수 있는 영역과 그렇지 못한 영역을 구분해낼 수 있는 감별 능력은 더욱 중요해진다.

여기서 잠깐 일상에서 편리하게 활용하는 자동번역의 사례를 보자. 한국인의 애송시 김소월의 〈진달래꽃〉 첫 구절을 대표적인 번역 서비스들을 이용해 영역해보았다.

나 보기가 역겨워

가실 때에는

말없이 고이 보내드리오리다

"It's disgusting to me / When you go / send someone home without a word." 네이버 파파고

"When you leave because it is disgusting to see me, I will send you off quietly." 구글 번역

"Though you might find me distasteful and choose to leave, / I shall quietly let you go, / with neither word nor tear." 오픈AI 챗GPT

"I can't bear to look at you. /When you leave, / I will send you off quietly without saying a word." 딥엘

우리말에서는 흔하게 주어와 목적어(나, 당신)가 생략되는데 이 시에서도 마찬가지다. 한국어로 쓰인 함축적이고 중의적인 표현의 서정시라는 특징이 있긴 하지만, 자동번역 기계들은 짧은 한국어 문장을 서로 다른 의미의 영어 문장으로 바꿨다. 그중에는 딥엘처럼 숨겨진 주어(당신)를 못 찾아내 정반대 의미로 해석한 것이 있는가 하면, 나머지 세 개의 번역 서비스도 모두 품질과 분위기가 사뭇 다르다. 자동번역 서비스를 손쉽게 이용할 수 있게 되었지만, 그 결과를 평가하고 선택하는 단계에서 사람의 능력이 중요해졌다는 걸 보여준다. 한국어로 쓰인 시의 의미와 정서를 정확하게 이해하는 게 우선이고, 이 문장을 영어로 바꿨을 때 잘못된 표현이 있는지, 원래 시가 표현한 의미를 비슷한 분위기로 번역했는지를 알아차릴 수 있어야 제대로 된 번역문을 고를 수 있다.

정확하고 아름다운 한국어 문장과 영어 문장을 가려낼 수 있는 능력이 없으면 그렇게 선택된 번역 결과물의 질도 낮을 수밖에 없다. 인공지능 시대에 감식안이 더욱 중요해진 이유다.

그렇다면 인공지능 시대에 필요한 감별 능력은 어떻게 갖출 수 있을까?

몇 가지 구체적인 방법들이 있다. 첫째, 먼저 해당 분야에서 필요한 기본 지식을 익혀야 한다. 인공지능 에이전트와 같은 새로운 지식과 기술을 가장 효과적으로 배우는 방법은 직접 써보는 경험을 갖는 것이다. 그런데 이는 조작법, 사용법을 아는 정도로는 충분하지 않다. 딥엘과 같은 자동번역 서비스나 코파일럿 같은 코딩 보조프로그램을 사용하기 위해서는 외국어와 프로그래밍 언어에 대한 기본 지식이 없으면 안 된다. 번역 서비스의 결과물과 코딩 보조프로그램이 추천한 코드를 선택해 사용하려면 그 결과물에 오류가 없는지를 판단할 수 있어야 하기 때문이다. 이러한 기본적 지식과 노하우를 갖고 있어야 지속적으로 배움의 내용을 업데이트해야 하는 언러닝 상황에서 어떤 부분을 버리고 새로 배워야 하는지 식별해낼 수 있다. 산수를 할 줄 모른다면 우리는 전자계산기를 쓸 수 없다. 기계가 잘못된 결과물을 내놓을지 모르는데 사용자가 이를 식별할 수 없다면, 무턱대고 그 도구를 신뢰하고 쓸 수는 없는 것이다.

둘째, 기술 사용법보다 기술의 구조와 영향에 대한 이해가 훨씬 중요하다. 과거 전문가는 기술과 지식에 대한 숙련도가 그들의 가치를 결정짓는 특징이었지만, 인공지능 기술의 발달로 기술 사용법이 점점 편리해지면서 기술적 숙련도의 중요성은 가치가 떨어진다. 코딩을 배우지 않아도 자연어로 작동하는 코딩 보조프로그램을 쓸 수 있고, 로코드Low Code나 노코드No Code 개발 환경이 등장하는 현실이다. 전문적 감별 능력을 갖추기 위해서는 기술적 숙련도에 치우치는 대신 기술의 특징과 구조에 대한 이해, 향후 발달 방향과 그로 인한 영향을 파악하려는 노력이 더욱 필요하다.

셋째, 눈앞의 현상 너머에 있는 배경과 맥락, 의도를 파악하는 연습을 통해 감별 능력을 키울 수 있다. 이는 특정한 문제를 해결하는 데 있어서 인간이 인공지능과 구별되는 점이기도 하다. 인공지능은 주어진 과제를 빠르고 완벽하게 해결하는 것 같지만 한계가 있다. 사람과 달리, 숨어 있는 의도나 배경에 대한 이해를 할 수 없다. 미묘한 차이를 감별해내는 전문가들은 기술의 숙련도도 높지만 상황과 의도를 잘 읽어내는 능력을 지닌 사람들이다. 뛰어난 야구 감독은 경기 관련 각종 데이터는 물론이고, 그날의 선수의 몸 컨디션과 심리 상태, 경기장과 관중 특징 등도 읽어낸다. 범죄 프로파일러는 용의자가 말할 때 발언 내용만이 아니라 그의 표정, 시선 처리, 몸짓, 음성 떨림과 높낮이 등 비언어적 행동을 면밀히 관찰해 그 의미를 읽어내는 능력을 발휘하는 전문가이다.

넷째, '암묵지'를 습득해야 한다. 기술의 의도, 배경 등을 통해 전체 상황을 이해할 때 본질적 질문을 던질 수 있고, 기계가 따라 할 수 없는 암묵지를 익힐 수 있다. 절차적이고 형식적인 지식은 과거에 전문성 교육과 전문가로서의 인정에 필수적이었지만, 이는 인공지능이 가장 잘 처리하는 상황이 됐다. 인공지능이 인간을 능가하기 어려운 능력은 명시화할 수 없고, 그래서 학습하기 어려운 암묵지로 남아 있다. 데이터를 통한 기계학습이 아니라 사람이 오랜 기간에 걸쳐 대상에 대한 이해와 경험을 통해 갖게 되는 통찰이 암묵지의 한 형태다.

경험 많은 외과의사는 복잡한 장기의 위치, 환부의 미세한 질감, 출혈량 등 여러 변수를 종합적으로 판단하여 메스에 가할 적절한 힘과 절개 깊이, 출혈 대처 방법 등을 순간적으로 결정해 수술을 진행한다. 이러한 노하우는 공식적인 매뉴얼이나 영상으로 완벽하게 전달할 수 없으며, 오랜 수술과 진료 경험을 통해서 익힐 수 있는 대표적인 암묵지다. 손흥민 선수가 축구경기에서 선보이는 슈팅, 어시스트, 프리킥 등도 그만의 암묵지다. 수많은 경기와 훈련을 통해 익힌 수비 상황, 몸의 감각, 자세, 시야, 바람과 공의 움직임 등 다양한 요소를 고려해 순간적으로 패스하고 슛을 한다. 이런 경기 운영 노하우를 기술적 설명이나 데이터 분석으로 충실하게 전달하는 것은 거의 불가능하다. TV프로그램 〈생활의 달인〉에 등장하는 요리 장인들은 암묵지의 또 다른 사례다. 요리 달인들은 종종 걱정스러울 정도로 솔직하게 주방에서 특제소스 성분이나 밀가루 반죽 요령, 숙성 비법 등을 방송에서 공개한다. 이들이 영업비밀 노출을 걱정하지 않는 까닭은 재료와 레시피를 공개해도 남들이 따라 할 수 없는 자신만의 노하우, 즉 암묵지를 보유하고 있다는 자신감 때문이다.

감별 능력 갖춘 전문가의 역할 확대

인공지능은 전문가의 역할을 재정의하며, 달라진 환경에서 전문가의 역량을 극대화하는 요인으로 작용한다. 인터넷이 누구나 척척박사를 곁에 두게 만들었다면 인공지능은 누구든지 알라딘의 마술램프를 비서로 부릴 수 있게 했다. 인터넷이 무한 정보에 접근할 수 있는 세상을 열었다면, 인공지능은 강력한 '만능 비서'를 우리에게 제공한 셈이다.

정보기술 전문지 〈와이어드〉를 창간해 오랜 기간 편집장을 지낸 미래학자 케빈 켈리는 2023년 사우스 바이 사우스 웨스트 컨퍼런스 강연에서 "거대 언어모델 인공지능을 범용 인턴과 파트너로 활용해야 한다"고 말했다.[38] '범용 인턴Universal Intern'이라는 말은 강력한 AI 서비스를 어떻게 활용해야 하는지 알려주는 중요한 지침이다. '범용 인턴'은 용도와 범위가 특정한 영역에 국한되지 않는 '만능 비서'를 의미한다. 과거 권력자가 거느리던 비서·참모들과 달리 거의 모든 분야에서 활용할 수 있는 똑똑하고 강력한 '만능 비서'다. 챗GPT 같은 자연어 기반의 인공지능이 등장하면서 누구나 손쉽게 일상언어로 강력한 인공지능 비서를 불러내 업무를 지시할 수 있게 됐다.

그러나 누구나 만능 비서를 쓸 수 있게 된다고 해서 모든 사람의 역량이 비슷비슷해지는 평균 사회가 되는 것은 아니다. 오히려 일찍이 경험하지 못한 거대한 격차의 세상으로 바뀔 수 있다. 어떤 목적과 용도로 범용 인턴을 활용하느냐에 따라 개인 간, 집단 간 역량의 차이가 크게 벌어지기 때문이다. 누구나 가진 도구가 '범용'이고 '만능'이라면 사용자가 '어떤 일을 시키고 요구하느냐', 또 '그 결과를 검증할 수 있느냐'에 따라 결과는 하늘과 땅 차이가 된다. 아무리 똑똑하고 강력한 비서를 고용한다고 해서 비서의 역량이 무조건 발휘되는 것도 아니다. 비서는 고용주의 요구와 식견만큼 일할 따름이다.

인공지능을 효율적인 '범용 인턴'으로 활용하는 사례는 전문직 분야에서 활발하다. 대표적인 것이 변호사 업무다. 법무법인은 대개 판·검사, 대형 로펌 출신 등 경력이 풍부한 구성원 변호사(파트너)들이 팀장을 맡고, 연차가 낮은 소속 변호사(어쏘)들이 팀원으로 있는 구조다. 어쏘 변호사들은 소송 쟁점 정리, 판례 검색, 법률 검토, 서면 초안 작성, 상담, 소송절차 지원 등 다양한 법률 실무를 나눠 담당하고 파트너 변호사가 전체적 전략과 최종적 검토, 지휘를 맡는다. 그런데 생성 인공지능 이후 슈퍼로이어 등 법률 분야에 특화된 인공지능 에이전트 서비스가 다수 출시되면서 로펌의 업무

방식이 달라지고 있다. 어쏘 변호사들이 상당한 시간을 들여 판례를 검색하고 문서로 정리하던 일을 법률 인공지능 서비스는 1분 안에 처리한다.[39] 인공지능으로 인해 변호사 업계엔 양극화가 일어나고 있다. 법무법인들은 경력이 적은 어쏘 변호사들의 채용을 줄이고 있으며 이들의 고용 불안이 커지고 있다. 한편, 대표나 파트너 변호사들은 팀원인 어쏘 변호사의 숫자가 줄었음에도 인공지능 법무 서비스를 활용해 더 효율적으로 업무를 처리할 수 있게 됐다. 오랜 경험과 경력을 바탕으로 소송에서 쟁점이 되는 부분이 무엇인지, 그리고 인공지능 서비스가 제공하는 결과를 어떻게 활용해야 할지 판단할 줄 아는 '감식안'을 갖춘 덕분이다.

인공지능 서비스가 가져온 업무 처리의 변화는 법률 분야만이 아니라 그 밖의 다양한 전문직 분야에서 광범하게 일어나고 있다. 업무 처리에서 중간 과정을 담당하는 보조자, 도우미의 역할이 감소하고 최종 검토와 승인, 결정을 내리는 책임자의 권한과 역할이 커진 것이다. 인공지능을 활용할 수 있고 그 결과물의 품질을 감별할 수 있으면 과거에 업무 처리에 필수적이던 보조자, 도우미 없이 수월하고 효율적으로 직무를 처리할 수 있다. 연구기관에서도 책임연구원들은 여러 보조연구원을 고용해 데이터 분석과 정리 업무를 맡겨왔는데, 인공지능 서비스를 활용해 기존 보조연구원 여럿이 돕던 것보다 더 나은 결과를 얻게 되면서 보조연구원 고용을 줄이고 있다.

많은 전문직 분야에서 경험과 브랜드를 갖춘 경력자가 최신 인공지능 기술까지 익히면 적은 비용으로 강력하고 효율적인 결과물을 만들어낼 수 있다. 경험이 풍부한 경력자에게는 유리하지만 경험을 쌓아야 하는 저경력자나 신입 직원에게는 불리할 수 있는 환경이다. 다수의 직역에서 기득권자나 전문가가 새로운 참여자나 후발주자를 구조적으로 배제하는, 일종의 '사다리 걷어차기' 현상이 빚어질 거라는 우려도 나온다. 하지만 모든 경력자가 기존 지식과 노하우를 언러닝하고 새로운 정보와 기술로 업데이트하는 데 능한 것이 아니라는 점에서 이 변화가 고용시장에 끼칠 영향은 단순하지 않다.

특히 직장에서는 새로운 기술과 지식을 빠르게 학습해 실제 업무에 활용하는 것이 중요한 능력인데, 신입 직원이나 젊은 직장인들은 인공지능 활용에 가장 적극적이다. 저명한 컨설팅 기관의 조사에 따르면, 경력 5년 미만의 젊은 직장인 중 83%가 업무에 AI를 활용하는데 이는 경력자들에 비해 훨씬 높은 비율이다.[40] 현재 20대는 일찍부터 생성형 AI를 활용해 과제물, 자기소개서, 이력서, 콘텐츠 등을 제작해왔고, 다양한 업무에 AI를 능숙하게 활용하는 세대다. 조사에 따르면, 신입 직원 65% 이상이 단순 반복 업무, 콘텐츠 작성, 데이터 분석 등에 자발적으로 AI를 사용하고 있다.[41] 젊은 세대는 경험과 암묵지가 부족하지만, AI를 자신의 지식과 경험 부족을 채워주는 엔진으로 활용하는 데 뛰어나다. 이 장

점을 충분히 활용하면 빠른 속도로 직무 역량을 끌어올려
달라진 환경에서도 성공적으로 적응할 수 있을 것이다.

마법의 도구

"충분히 발달한 기술은 마법과 구별할 수 없다."

과학소설 작가 아서 클라크의 이 문장은 인공지능 기술의 발달로 이제 현실이 됐다. 말이나 글로 지시하면 생성 인공지능이 눈 깜짝할 새 완성도 높은 결과물을 내놓는다. 챗GPT 같은 대화형 인공지능은 기업의 업무 방식과 서비스 관행을 바꿀 수 있는 강력한 도구로 주목받고 있으며, 이미 다양한 영역에서 활용되고 있다. 특히 고객 응대 서비스, 개인맞춤형 금융 서비스, 법률 정보 제공 서비스에서는 인공지능 에이전트 서비스가 활발하게 사용되고 있다. 이처럼 생성 인공지능을 통해 업무 효율성과 고객 만족을 높인 기업들이 많지만, 인공지능 알고리즘과 챗봇 서비스가 본격적으로 도입되면서 새로운 유형의 리스크와 손실도 나타나고 있다.

새로운 리스크의 출현

2024년 2월, 캐나다 최대 항공사인 에어캐나다는 법원으로부터 한 고객에 대해 배상 판결을 받았다. 인공지능 챗봇이 고객에게 잘못된 환불 정보를 제공했는데, 항공사가 챗봇의 답변대로 해줄 수 없다고 했기 때문이다. 사정은 이렇다. 그 고객은 할머니의 장례식 참석을 위해 항공권을 구매할 때 챗봇을 통해 "구매 90일 안에 환불을 신청하면 '가족 장례 할인'을 받을 수 있다"는 안내를 받았다. 하지만 에어캐나다의 규정에 따르면, 고객은 구매 전에 요청하는 경우에만 가족 장례 할인을 받을 수 있었다. 챗봇이 잘못 안내한 것이다. 고객이 환불 요구 소송을 제기하자 에어캐나다는 "챗봇이 제공한 정보에 대해서 회사는 책임질 수 없다"며 환불을 거부했지만, 법원은 회사의 책임을 인정하고 고객의 손을 들어준 것이다.[42]

미국의 대표적인 부동산플랫폼 질로Zillow는 2018년부터 인공지능 알고리즘을 본격 도입해 사업모델의 혁신을 꾀했다. 질로는 인공지능이 자동으로 주택 가격을 산정하고 예측해 저평가된 주택을 사들인 뒤 리모델링해서 가치를 높여 판매하는 방식의 '아이바잉iBuying' 사업을 운영했다. 사업은 초기부터 이익을 내며 폭발적으로 성장했지만, 2021년 코로나 팬데믹 등으로 시장 상황이 급변하자 과거의 데이터를 기반으로 한 기계학습 알고리즘은 대규모 손실 거래를 지속했다.

질로는 약 5억 4000만 달러(약 7500억 원) 규모의 손실을 냈고, 직원 25%에 해당하는 2000명을 해고한 뒤 아이바잉 사업을 전면 중단했다.[43]

한편, 방대한 판례와 법률 조항을 검색해 설득력 있는 논리를 만들어내야 하는 법률 서비스에서 인공지능은 편리하고 강력한 도구로 기대받고 있다. 영미권에서는 웨스트로, 렉시스넥시스와 같은 전문적 법률정보 서비스 시장이 일찌감치 발달했고, 법무법인의 필수 도구로 자리 잡은 지 오래다. 챗GPT를 활용해 판례와 법률을 검색하고, 각종 법률 문서를 작성하는 데 들였던 시간과 노력을 크게 줄여 훨씬 다양하고 많은 양의 업무를 처리할 수 있게 한다. 2023년 6월 22일, 뉴욕 맨해튼 연방지방법원은 피터 로두카, 스티븐 슈워츠 등 두 변호사와 이들이 소속된 법률회사에 각각 5000달러씩의 벌금을 부과했다. 2019년, 엘살바도르에서 뉴욕행 아비앙카항공 여객기를 탄 승객이 기내에서 서빙 카트에 부딪혀 무릎을 다친 사건의 피해배상 소송을 진행하던 두 변호사가 가짜 판례를 판사에게 제출한 것이 재판 과정에서 들통난 것이다. 재판부의 조사 결과, 두 변호사는 챗GPT를 이용해 소송 문서를 작성했는데, 챗GPT가 가짜 판례를 여섯 건 이상 꾸며내 서류에 포함한 것이다. 소송 상대인 피고 쪽 변호사의 문제 제기와 판사의 조사를 통해 그 서류들이 인공지능이 만들어낸 가짜 판례와 인용문이라는 사실이 밝혀졌다.

2023년 12월엔 도널드 트럼프 미국 대통령의 과거 개인 변호사였던 마이클 코언이 자신의 탈세 및 선거 정치자금 관련 법 위반 혐의에 따른 보호관찰을 끝내기 위해 생성형 인공지능으로 만든 판례를 사용했다가 들통났다. 뉴욕 남부지방법원 판사는 재판 과정에서 존재하지 않는 허위 판례가 제출되었음을 발견하고, 가짜 판례를 만들어 제출한 경위를 소명하라는 명령을 내렸다. 코언은 구글의 인공지능 챗봇인 바드를 이용해 가짜 판례 인용문을 만든 것이다.

한편, 2024년 3월 미국 플로리다주 중부지방법원은 토머스 그랜트 뉴섬 변호사에 대해 1년 직무정지 처분을 내렸다. 재판부의 조사 결과, 뉴섬 변호사가 2023년 민사소송에서 제출한 사례 보고서 서면에 인용된 판례는 존재하지 않았고 출처도 정확하지 않았다. 법원은 조작된 판례를 사용한 뉴섬 변호사가 플로리다주 변호사회 규칙을 위반했다며 그 결정 근거를 밝혔다. 국내도 예외가 아니다. 2025년 대전지방법원 홍성지원에서 한 변호사가 AI를 활용해 만든 가짜 판례 다섯 건을 인용해 변론을 하다가 재판 도중에 그러한 판례들이 존재하지 않는다는 사실이 드러났다. 2025년 9월엔 경기 용인동부경찰서가 AI를 이용해 허위 판결문을 인용했다가, 법원 재판 과정에서 드러나 문제가 된 사실도 있다. 변호사와 경찰이 AI를 이용해 허위 판례, 판결문을 만들어 활용한 사실은 그해 10월 국정감사에서 지적되면서 알려졌다.

왜 기업의 핵심 사업 영역에서 이런 일이 벌어질까? 왜 아마추어도 아닌 법률 전문가들이 자신들의 생계 수단이자 전공인 분야에서 회복 불가능한 치명적 실수를 하는 걸까? 왜 마법처럼 편리한 인공지능이 재난의 도구가 된 것일까? 일찍부터 마법의 특성을 다뤄온 장르에서 해답을 찾아보자.

동화가 전해주는 마법 사용법

마법은 오래전부터 인류가 꿈꾸고 즐겨 이야기해온 주제였다. 〈백설공주〉, 〈신데렐라〉, 〈개구리 왕자〉 같은 동화의 단골 소재이기도 했다. 그중에서도 〈알라딘의 마술램프〉에 등장하는 램프의 요정은 인공지능 에이전트에 비길 만하다. 인공지능 서비스는 무엇을 요청하더라도 바로 실현해주는 램프의 요정 지니를 닮았다. 인공지능 에이전트를 개발해 서비스하는 기업들도 자신들의 서비스를 만능 비서, 강력한 도우미라고 마케팅한다. 사용자가 기술이나 작동 원리를 이해하지 못해도 상관없다. 업무이건 쇼핑이건, 또는 글쓰기건 말만 하면 즉각 만족스러운 결과를 내놓는다는 점에서 인공지능 이용은 마법과 비슷하다.

동화 작가는 상상에서나 가능하고 현실에선 불가능한 일을 처리하는 수단으로 마법을 등장시키곤 한다. 단번에 위험과 어려움을 해결하고 꿈을 이루는 수단이다. 하지만 동화 속 마법도 그렇게 단순하지 않고, 그 힘을 사용하기 위해서는 여러 조건도 붙는다. 동화 속 상황을 자세히 들여다보면 마법과 같은 기술을 다룰 때 주의해야 할 점들을 발견할 수 있다.

첫째, 마법은 사용법을 아는 사람만 쓸 수 있다.

둘째, 마법은 제한 없이 함부로 쓸 수 있는 것이 아니다.

셋째, 마법의 사용에는 목적과 동기가 중요하다.

넷째, 마법을 쓰려면 대가를 지불해야 한다.

괴테가 예견한 마법의 빗자루

차례로 살펴보면 첫째, 당연한 얘기지만 마법은 사용법을 아는 사람이라야 제대로 쓸 수 있다. 판타지 소설《해리 포터》시리즈에서는 호그와트 마법학교 학생들이 마법을 연습하다가 주문을 잘못 외워 벌어지는 다양한 소동이 담겼다. 이처럼 잘못 사용된 마법이 빚어낸 소동을 다룬 이야기는 서구 문학에서 매우 흔한 소재다. 괴테가 1797년 발표한 시〈마법사의 제자〉는 디즈니 애니메이션으로도 만들어져 널리 알려진 에피소드다. 마법사가 외출하며 어린 제자에게 집을 청소해놓으라고 지시했다. 이내 청소가 귀찮아진 제자는 빗자루에 "물을 길어 오라"는 마법을 걸었다. 빗자루는 주문대로 물을 길어와 바닥에 양동이째 붓기 시작했다. 그런데 제자는 마법을 멈추게 하는 주문을 알지 못했다. 당황한 제자는 빗자루를 멈추게 하려고 도끼로 빗자루를 조각냈다. 그런데 조각난 빗자루는 저마다 마법의 빗자루가 되어 양동이로 물을 퍼다 마구 뿌려댔다. 집 안은 홍수가 난 것처럼 물이 넘쳐났다. 외출에서 돌아온 마법사가 마법을 풀면서 뒤늦게 소동이 진정될 수 있었다. 마법사가 제자에게 "통제할 수 없는 힘은 절대 사용하면 안 된다"고 경고하는 것으로 이야기는 끝난다.

그리스 신화에서 미다스 왕은 술의 신 디오니소스에게 간청해, 손에 닿는 모든 것을 황금으로 변하게 만드는 능력을 얻었다. 탐욕의 화신 미다스는 조각상·가구·정원수 가릴 것 없이 손에 닿는 것마다 황금으로 바꿔버리는 마법에 환호했다. 그런데 식사하려고 음식에 손을 대니 음식도 금으로 변했다. 자신을 향해 달려오는 딸을 안았더니, 이번엔 사랑하는 딸마저 황금 조각상으로 변해버리는 비극에 맞닥뜨렸다.

마법을 알레고리로 한 이야기들은 사용법을 제대로 알지 못하는 사람에게 강력한 기술은 축복이 아니라 재앙이라는 점을 일깨운다. 마법의 도구로 여겨지는 인공지능 서비스도 비슷하다. 인공지능 통·번역 프로그램은 통·번역사를 위협할 수준의 결과물을 눈 깜짝할 새 내놓지만, 제대로 활용하려면 반드시 갖춰야 할 능력이 있다. 결과물을 검증하고 그 결과에 대해서 스스로 책임을 질 수 있는 능력이다. 인공지능 코딩 지원프로그램도 마찬가지다. 인공지능이 추천해주는 코드가 자신이 원하는 코드인지, 적절한 코드인지를 판단하고 그 결과에 대해 책임질 수 있는 사람이라야 활용할 수 있다. 이는 인공지능 기술이 문외한이나 만인을 위한 도구가 아니라는 얘기다. 이미 기술과 노하우를 지닌 전문가들이 사용하는 지렛대 또는 자동화 도구다. 이미 번역할 줄 알고 프로그램할 줄 아는 사람들이 더 효율적으로, 안전하게 이용할 수 있게 해주는 서비스다. 즉, 인공지능은 전문가를 필요 없게 만드는 '인간 대체 기술'이 아니라 전문가를 더욱 유능하게 만들어주는 '역량 증폭기'인 셈이다.

마법과 같은 도구를 사용하기 위해서는 제대로 된 사용법을 아는 게 먼저다. 실수나 부작용, 예기치 못한 상황을 만났을 때 바로잡거나 수습할 수 있는 능력이 있어야 한다. 행성 탐사 유인우주선을 쏠 때, 완벽한 발사 기술이 갖춰져 있어도 탑승자의 안전한 귀환을 담보하는 기술이 마련되어 있지 않으면 발사할 수 없는 것과 같다. 아무리 강력한 엔진을 갖춘 차라도 출력 제어장치와 브레이크가 작동하지 않으면 운행할 수 없다. 잘 모르는 상태에서 섣불리 사용하는 마법은 재난을 부른다.

둘째, 마법은 아무 때나 마음대로 쓸 수 있는 게 아니다. 아주 예외적인 상황에서 제한적으로 사용할 수 있다. 마법은 일상적인 모습이나 자연법칙에 어긋나는 초자연적이고 비현실적인 기술이다. 동화와 영화에서도 마법은 반복되거나 지속될 수 없는, 예외적 설정으로 그려진다. 《해리 포터》에서 시간을 되돌리는 마법 도구인 타임터너는 극히 제한적으로만 사용되며, 〈신데렐라〉에서 마법은 자정이 되면 풀린다.

<겨울왕국>의 엘사도 무엇이건 얼려버리는 자신의 마법을 통제하지 못해 동생을 다치게 만들고 그 자책감에 스스로를 고립시킨다.

인공지능을 마법에 비유할 때도 마찬가지다. 인공지능으로 마법 같은 결과를 만들어낸다고 해도, 누구나 제약 없이 그러한 힘을 사용할 수 있는 게 아니다. 예컨대 생성형 AI가 '몇 줄의 문장'만으로 광고·보고서·코드를 뚝딱 만들어내면 마치 마법을 부린 것 같지만, 곧바로 저작권 논란과 출처 표시 요구가 뒤따르고, 기업은 사용 범위를 계약·감사·워터마크로 묶는다. 얼굴인식처럼 사회 감시에 쓰일 수 있는 기술은 시민사회의 반발과 규제 논의로 공공기관 사용이 제한되거나 중단되기도 한다. 선거 국면에서 딥페이크가 여론을 흔들면 플랫폼과 행위자의 책임, 관리, 처벌 규정이 강화된다. 사회적 현상, 자연 질서에 거대한 영향을 끼치는 행위가 일어나면 곧바로 그에 대한 대응과 통제가 시도되기 마련이다. 진정한 마법처럼 보이는 기술도 결국 현실의 법칙과 사회적 합의 안에서만 작동할 수 있다.

또한 강력한 무기와 많은 자산을 가진 사람이라고 해서 그 힘을 아무 때나 어디에나 사용할 수 있는 것은 아니다. 개인이나 조직은 모든 것에 무한한 에너지와 주의력을 기울일 수 없는, 유한한 존재다. 결국 모든 일은 중요도와 우선순위에 따라 처리되고 적절한 자원이 투입되는 선택의 문제가 된다. 이런 상황은 마법 같은 강력한 도구를 사용하는 상황이 와도

전혀 달라지지 않는다.

〈세 가지 소원〉과 마법의 쓸모

셋째, 동기와 목적이 있어야 마법을 제대로 쓸 수 있다. 샤를 페로의 동화 〈세 가지 소원〉에서 제우스는 불운과 불행을 호소하는 나무꾼의 소원을 조건 없이 들어주지 않는다. 나무꾼이 직접 소리치는 소원 세 가지만 실현해준다는 조건이 붙어 있다. 하지만 나무꾼은 제우스로부터 귀하게 얻어낸 세 차례 마법의 기회를 허비한다. 흔해 빠진 소시지를 얻는 데 하나, 아내에게 저주를 퍼붓는 데 하나, 사태를 수습하는 데 마지막 하나를 바쳤다.* 귀하고 강력한 힘은 신중하게 사용해야 한다는 것과 함께 그 힘을 어디에 무엇을 위해 써야 하는지 아는 게 중요하다는 걸 일깨우는 이야기다. 인공지능

---

* 이 동화의 줄거리는 이렇다. 가난한 나무꾼과 그의 아내가 어느 날 제우스의 눈에 들어 소원 세 가지를 선물로 받는다. 남편은 큰 부나 행복을 빌어야 한다고 마음먹지만, 집으로 돌아오는 길에 배고픔을 이기지 못한 나머지 무심코 "소시지 하나만 있었으면!" 하고 첫 소원을 써버린다. 아내는 "이 귀한 소원을 그런 데 쓰냐"며 크게 화를 내고, 남편은 홧김에 두 번째 소원으로 "그 소시지가 네 코에 붙어버렸으면 좋겠다!"고 말해버린다. 그러자 정말로 소시지가 아내의 코에 달라붙어 떨어지지 않는다. 둘은 울며불며 난리가 나고, 끝내 남편은 마지막 세 번째 소원으로 "원래대로 돌아가게 해달라"고 빌어 소시지를 떼어낸다. 결국 부부는 아무것도 얻지 못한 채 소원 세 개를 모두 허비하고, 이야기는 그렇게 씁쓸하게 끝이 난다.

기술처럼 강력한 기술을 사용할 때도 마찬가지다. AI 도구는 강력하고 편리한 기술이지만 시간이 지나면서 범용화하고, 진입 장벽은 사실상 사라진다. 그런데 진입 장벽이 사라진다고 해서 모든 사람이 그 기술의 사용자가 되는 것은 아니다. 일상적으로 사용하는 사람은 소수이고, 더욱이 적절하게 사용할 줄 아는 사람은 극소수에 불과하다. 왜 그럴까? 여기에 간단하지만, 중요한 비밀이 깔려 있다. 기술 사용을 가로막는 원인은 비용이나 조작의 어려움 때문이 아니다. 오히려 사용자가 어떠한 동기와 욕망을 지녔는지에 따라 기술의 사용 여부가 결정된다. 즉, 사용자는 기술이나 자원을 어디에, 무엇을 위해서 쓸지 분명한 동기와 의지를 갖고 있어야 한다. 편리한 기술이 모두에게 공짜로 주어질 때 그 차이가 확연해진다. 인공지능을 가장 잘 활용하는 사람은 지능이 높거나 공학적 지식이 많은 사람이 아니다. 자신의 꿈과 욕망을 실현하기 위해 갈망하고 노력하는 사람이다.

《어린 왕자》의 작가 앙투안 드 생텍쥐페리는 "사람들에게 배를 만들게 하고 싶다면 재료와 연장을 주어 배 만드는 법을 가르치려고 하지 말아라. 대신 무한한 바다를 동경하게 만들라"고 말했다. 사용법이 어렵든, 쉽든 그 기술을 가장 잘 활용하는 사람은 기술 숙련자가 아니다. 꿈과 욕망을 간직한 사람이다. 마법과 같은 인공지능 도우미를 가장 잘 활용하는 사람은 프로그래머나 서비스 기획자가 아니라 자신의 꿈을 실현하려는 간절한 욕망을 품은 사람이다. 〈세 가지 소원〉의

나무꾼은 말실수 때문이 아니라, 자신이 진정으로 원하는 게 무엇인지 알지 못한 채 마법의 힘만을 부러워한 게 잘못이었다.

넷째, 마법을 사용하려면 상응하는 대가를 치러야 한다. 동화 〈인어공주〉에서 인어공주는 인간이 되기 위해 마녀와 거래를 한다. 사람처럼 다리를 얻는 대가로 아름다운 목소리를 잃고, 왕자의 사랑을 얻지 못하면 물거품이 되어 사라진다는 치명적인 위험이 따르는 거래다. 모든 거래는 일종의 선택이다. 무엇을 얻기 위해서는 다른 것을 포기해야 한다는 걸 의미하고, 이를 경제학적 용어로 '트레이드 오프trade-off'라고 한다.

J. R. R. 톨킨의 판타지 소설 《반지의 제왕》에서 '절대 반지'는 강력한 힘을 상징한다. 절대 반지는 모든 반지를 지배하고 암흑에 가둘 수 있다. 반지 낀 자를 보이지 않게 만들고 목숨을 연장시켜주는, 절대권력 그 자체다. 절대 반지는 강한 유혹의 힘을 갖고 있어 주변 모두가 이를 소유하고픈 욕망에 휩싸이게 만들지만, 결국엔 그 소유자를 살아 있는 시체처럼 만들고 암흑의 군주 사우론의 노예로 만들어 타락시킨다. 《반지의 제왕》에서 절대 반지는 모두가 부러워하는 강력한 도구이지만, 그 소유자를 구원하는 게 아니라 오히려 파멸시키는 힘이라는 걸 보여준다.

인공지능의 부작용이나 예상 밖 결과를 고려하지 않고 그 힘을 함부로 썼다가는 난처한 상황을 만날 수 있다. 2020년 영국 교육부는 코로나19로 인해 대학입학 시험(A레벨)을 실시할 수 없게 되자, AI 알고리즘을 이용해 모의고사, 학교별 과거 성적 데이터 등을 조합해 학생별 점수를 산출해 부여했다. 시험을 치르지 않았지만 과거 입시 성적이 좋은 학교에 다니는 학생들은 높은 점수를 받았고, 저소득층 거주지역 학교 학생들은 낮은 점수를 받았다. 이 정책이 알려지자 교육부가 사회·계급 격차를 그대로 재생산하는 '차별적 알고리즘'을 통해 성적을 매겼다는 비판이 거세게 일었고, 이를 대입에 활용하게 한 영국 정부에 대해 학생들과 시민들의 분노가 터져나왔다. 결국 영국 정부는 AI에 의한 성적 부여를 취소하고 재시험을 치렀다.

효율성과 편리함을 높이기 위해 함부로 AI를 사용하려다가 오히려 역풍을 만나 어려움에 봉착한 사례는 흔하다. 아마존은 AI를 활용한 채용 알고리즘을 개발했으나, 채용 알고리즘이 여성 지원자를 '자동 배제'하는 성차별적 편향을 갖고 있다는 사실이 알려지자 폐기한 바 있다. 알고리즘이 학습한 과거 채용 데이터에 남성들의 비중이 압도적으로 많았던 것이 편향의 배경이었다. AI는 자율살상무기 시스템, 킬러로봇 개발이나 딥페이크를 이용한 신종 사기 범죄에도 활용되면서 전에 없던 새로운 차원의 불안과 우려를 낳고 있다. 강력한 힘인 인공지능의 사용이 가져올 수 있는 위험이나 부작용에 대한 고려와 책임을 생각지 않고 효율성과 장점만 보았기 때문이다. 강력한 힘을 사용하려면 반드시 상응하는 책임과 대가를 치러야 한다.

마법이 문제를 해결하지 못하는 이유

동화와 판타지 소설을 통해 마법을 쓸 때 고려해야 할 것들이 있다는 걸 살펴보았다. 그런데 현실은 마법의 세계가 아니다. 마법과 유사한 기술들을 쓸 때 유의할 사항들을 고려해서 아무리 신중하게 다룬다고 하더라도 문제를 피할 수 없다. 몇 가지 이유 때문이다.

첫째, 무엇보다 현실은 동화와 다른 복잡계다. 동화에서 마법은 골치 아픈 문제를 해결하거나 예상치 못한 변화를 위한 장치다. 복잡하게 얽힌 수많은 문제들에는 눈을 감은 채, 이야기 전개를 위해 갈등을 단순화한 설정 도구다. 하지만 현실은 다양한 사람들이 모여서 저마다의 욕망과 의도를 추구하며 살아가는 복잡계다. 사회는 설계도에 따라 작동하는 실험실의 설정 상황이 아니다. 아무리 마법 같은 특단의 방법을 동원하더라도 문제가 곧바로 해결되지 않으며, 쉽사리 사라지지도 않는다. 가장 예측 불가능한 존재인 사람의 반응이 개입하기 때문이다. 예를 들면, 2011년 한국 정부는 청소년들의 게임 중독 예방을 위해 24시 이후 게임 접속을 중단하게 하는 '게임 셧다운 정책'을 과감하게 도입했다. 기술적으로는 어려운 일이 아니었다. 게임사가 회원 계정 DB에 저장된 생년월일을 기준으로, 0~6시에는 16세 미만 계정의 로그인을 원천적으로 차단하기만 하면 됐다. 하지만 얼마 못 가서 흐지부지 폐지했다. 셧다운제 도입 뒤에 성인 계정을 도용한 편법 이용이 늘어나고 모바일을 통한 이용은 아예 막지 못하면서 효과가 없다는 무용론이 커진 탓이다. 아무리 똑똑한 기술이라도 완벽한 문제 해결 수단이 될 수 없는 이유다. 첨단기술과 인공지능도 마찬가지다.

둘째, 새로운 것이 입력되면 전에 없던 현상이 나타난다. 복잡계에 입력을 추가하면 현상은 더욱 복잡해지기 마련이다. 동화에서 마법은 당면한 문제를 해결하는 장치로 쓰이지만, 현실에서 새로운 기술은 새로운 문제들을 불러온다. 2007년 아이폰이 출시되며 마법 같은 세상이 열렸다. 스마트폰 덕분에 누구나 움직이면서 인터넷을 쓰고 손안에서 많은 일을 처리하는 편리한 세상을 만났다. 하지만 스마트폰 때문에 과거에 생각지 못한 새로운 문제들도 생겨났다. 무선통신망의 속도, 모바일 칩의 성능, 디스플레이 해상도, 스마트 기기 구매·유지 비용 등 스마트폰 도입과 사용에 따르는 새로운 문제가 불거지기 시작한 것이다. 나아가 소셜미디어의 확산, 인플루언서와 유튜버의 출현, 숏폼 중독 등 상상하지 못한 다양한 이슈들도 줄을 이었다. 이번엔 생성 인공지능이 등장하자 창의성과 저작권 침해, 거대 언어모델의 환각 현상 등 부작용이 줄줄이 나타났다. 문제는 이러한 현상들을 해결할 수 있는 새로운 기술이 등장한다고 해도 상황은 달라지지 않는다는 데 있다. 기존 문제는 일부 해결되겠지만, 새로운 방법이나 기술로 인해 과거에 없던 문제나 현상이 생겨나는 일이 반복될 것이기 때문이다.

셋째, 마법 같은 기술은 나만 사용할 수 있는 것이 아니다. 동화나 판타지 소설에서는 대개 주인공만 또는 특정한 상황에서만 마법을 쓸 수 있는 것으로 설정된다. 현실의 기술 세계에서는 다르다. 만약 누군가 마법 같은 기술을 쓰거나 개발했다면, 얼마 뒤엔 다른 사람도 비슷한 능력을 획득하게 된다. 가장 먼저 혁신 기술을 개발해 기술적 우위를 누린다고 해도 그 지위는 오래 유지되지 않는다. 경쟁자들이 속속 등장하면서 블루오션이던 시장이 이내 레드오션으로 변모한다.

2022년 11월 오픈AI가 챗GPT를 공개했다. 오픈AI는 신세계 서비스를 열었다는 평가를 받으며 단번에 세계적 기술 기업으로 인정받았다. 하지만 오픈AI의 독주는 오래가지 않았다. 곧바로 구글, 아마존, 메타, 바이두, xAI, 딥시크, 퍼플렉시티 등이 유사한 인공지능 에이전트 서비스를 선보였다. 인공지능 개발은 치열한 경쟁으로 전환했으며, 기술 경쟁을 통해 누구나 쓸 수 있는 대중화된 서비스의 확산이 일어났다. 처음 등장한 신기한 기술을 특별한 사람들만 쓸 수 있다면 그 기술은 마법처럼 여겨진다. 하지만 모든 사람이 그 기술을 일상적으로 사용하게 된다면 사용자가 그 기술의 원리를 구체적으로는 알지 못하더라도 더 이상 그것을 마법이라고 생각하지 않는다.

'마법 같은 기술'의 알레고리가 알려주는 진실

이처럼 마법이 가져오는 것은 문제의 해결이나 해소가 아니다. 마법과 같은 기술을 사용하는 것은 판도라의 항아리를 여는 일과 비슷하다. 이전에는 생각지도 못한 문제들을 우리가 살고 있는 세계로 불러들이는 상황이다. 새롭게 직면하게 된 과제들은 이전보다 훨씬 어렵고 복잡하다. 날카로운 풍자로 이름난 아일랜드 작가 조지 버나드 쇼도 비슷한 말을 남겼다. 버나드 쇼는 1930년 아인슈타인을 위한 런던의 만찬 자리에서 "과학은 항상 잘못을 저지르지요. 문제를 하나 해결할 때마다 열 개의 새로운 문제를 만들어내니까요"라고 유머와 통찰을 버무린 환영사를 했다.[44] 동화나 판타지 소설, 공상과학 영화는 마법이 가져오는 부분적이고 일시적 현상에만 초점을 맞출 뿐이며, 마법으로 인해 오히려 더욱 복잡해지고 무질서해지는 현실의 진짜 모습은 잘 다루지 않는다. 마법과 같은 인공지능이 개인과 사회에 끼치는 영향을 논의할 때 빠뜨리지 말아야 할 대목이다.

버나드 쇼가 과학 발달에 대해서 말한 것과 같은 상황이 정보기술 영역에서는 흔하게 일어난다. 텔레그램처럼 종단간 암호화가 적용돼 보안 기능이 강력한 소셜미디어는 프라이버시와 기밀 보호 기능이 뛰어난 플랫폼으로 빠르게 확산했지만, 금융 사기, 온라인 성범죄, 범행 모의 등 다양한 범죄 행위의 플랫폼으로 악용되고 있다. 2016년 마이크로소프트가 혁신적인 인공지능 챗봇 서비스라며 출시한 '테이'는 이용자들의 어뷰징abusing을 막지 못해 테러리즘과 인종차별, 성차별을 옹호하는 표현으로 문제를 일으키다가 '막말 챗봇'이라는 오명을 얻고 이틀 만에 서비스가 종료됐다. 2021년 국내에서 사교용 대화상대를 표방하면서 개발된 챗봇 '이루다'도 이용자들의 왜곡된 성관념, 혐오 발언을 학습해 문제를 일으키다 서비스가 중단됐다. 이미지 인식 기술의 발달은 얼굴인식 기술의 상용화를 가져왔다. 사람 눈보다 정확한 얼굴인식 기술은 사진관리 도구를 비롯해 소셜미디어, 보안시스템 등 다양한 서비스에 적용됐다. 하지만 얼굴인식 기술은 불법 감시, 스토킹, 프라이버시 침해 등 새로운 차원의 문제를 불러왔고, 유럽연합 등에서는 소셜미디어에서 사용이 아예 금지됐다. 한편 챗GPT와 같은 편리하고 강력한 생성 인공지능 서비스의 등장은 부정행위, 표절, 창작 환경 훼손 등 전에 없던 부작용들을 불러오고 있다.

인공지능 시대를 지혜롭게 살아가려면 이 기술이 지닌 의미를 제대로 이해해야 한다. 동화에서 접한 마법은 문제를 해결해주는 강력한 힘이지만, 실제로 그 힘은 두 얼굴을 지니고 있어 빛과 그늘을 동시에 가져온다. 이런 환경에서 지혜롭게 대응하기 위해서는 이 새로운 기술의 속성을 아는 게 우선이다. 마법 같은 첨단기술의 등장을 새로운 필드의 입력 데이터 추가 또는 새로운 차원의 문제 출현이라는 복잡계 관점으로 보면, 앞으로 인공지능이 가져올 변화의 방향을 조망하고 예견할 수 있다. 예를 들어 인공지능 기술이 등장할 때 벌어질 현상들을 생각해보자. 우선 삶이 편리해진다. 복잡하고 어려운 일을 누구나 인공지능 서비스를 이용해 손쉽고 편리하게 처리할 수 있다. 동시에 불안해진다. 인공지능과 자동화 기술은 전문직을 비롯한 많은 일자리를 대체하고 위협하는 결과를 가져올 것이고, 누군가는 이를 사기 등 범죄에 악용할 것이기 때문이다.

긍정적 측면과 부정적 측면 모두 신기술이라는 새로운 변수의 입력에 따른 결과다. 신기술은 안정적인 일자리를 없애지만 새로운 일자리도 만들어낸다. 해묵은 걱정거리를 해결해주는 동시에 전에 없던 새로운 문제와 고민거리를 가져온다. 사용자를 강력하게 만들지만 동시에 기존 기술에 의존해온 사람을 취약하게 만든다. 새로운 사회문제가 생겨나고 개인 간 역량 차이와 기회 활용의 차이가 발생해 거대한 격차로 이어지게 된다.

이러한 기술이 지닌 상반된 속성과 다양성을 무시한 채, 신기술을 마치 동화 속 마법처럼 여긴다면 그것은 착각이다. '마법'이라는 단어와 이미지에 빠져, 신기술에 대해 지나치게 낙관적 또는 비관적으로 생각하는 것도 위험하다. 터널 속 좁은 시야에 갇혀, 큰 흐름과 전체 그림을 놓치기 때문이다. 마법처럼 보이는 기술의 등장은 단순히 편리하거나 두려운 세상을 예고하는 것이 아니라, 과거의 방식이 더는 통하지 않는 변화된 세계의 출현을 의미한다. 변수가 늘어난 그 세계는 더 복잡해질 수밖에 없고, 거기에 적응해서 살아가려면 새로운 접근 방식이 필요하다.

그렇다면 이러한 마법 같은 기술을 우리는 어떻게 받아들여야 할까? 더욱 복잡해져가는 세상에서 이 새로운 기술과 함께 어떻게 현명하게 살 수 있을까?

용도별 AI 서비스

    다음은 오늘날 널리 쓰이는 AI 서비스를 나누어 정리한 것이다. 범용 AI를 비롯하여 번역, 이미지·영상 제작, 문서·회의록 작성, 학습 보조, 코딩 보조 등 용도별로 기능이 특화된 AI 도구까지 각 서비스의 특징과 최적 용도를 함께 제시했다. 다만 지금도 수많은 AI 도구들이 개발되고 있고 AI 서비스 시장도 빠르게 변화하고 있는 만큼, 이 표는 대표 사례를 추려 정리한 참고 자료임을 밝혀둔다.

* 범용 AI

서비스 이름	서비스 기업	최적 용도	특징
챗GPT (ChatGPT)	오픈 AI	텍스트, 이미지 등 다양한 콘텐츠의 생성, 요약, 질문과 답변, 글쓰기·코딩 등 다목적 활용 가능	대표적인 대화형 생성 인공지능 서비스. 방대한 데이터 학습으로 질문에 대한 자연스러운 대화 생성에 뛰어남. 스토리텔링, 글쓰기, 코딩, 브레인스토밍 등 창의적 콘텐츠 생성에 강점. 데이터에 기반한 응답 생성으로 종종 출처를 제공하지 않고, 때로는 사실과 다른 정보를 생성함(환각 현상).
제미나이 (Gemini)	구글	대화형 챗봇, 글쓰기, 코딩, 복잡한 데이터 처리	구글 검색, 지메일, 구글 문서, 구글 포토, 유튜브 등 구글 서비스와 긴밀하게 통합되어 있어 구글 사용자에게 편리한 맞춤화 기능. '대답 재확인'으로 검증 여부를 제공하고, 코딩 기능 우수.
퍼플렉시티 (Perplexity)	퍼플렉시티	AI 기반 검색 엔진	실시간 웹 검색을 기반으로 답변을 생성하며, 제공하는 정보의 출처를 제공해 신뢰성이 높고 이용자가 직접 사실 확인 가능. 전문적이고 심층적인 정보 탐색 Deep Research에 유용. 정확성, 투명성(출처 제공), 최신 정보 반영에 강점.

클로바 X (CLOVA X)	네이버	국내 쇼핑, 여행 등 실생활 연동, 한국어 콘텐츠 생성	국외 AI 모델에 비해 방대한 한국어 데이터를 학습해, 자연스러운 한국어 처리에 강점. 네이버의 각종 서비스들과 연계돼 편리. 국내 최신 정보를 잘 반영하나, 글로벌 AI 대비 콘텐츠 검열이 엄격함.
클로드 (Claude)	앤트로픽 (Anthropic)	긴 보고서 요약, 논문 분석, 자연스러운 대화	챗GPT와 경쟁 중인 대화형 AI. 매우 긴 문서와 대화 내용을 한 번에 처리하고 맥락을 이해하는 능력이 뛰어나 장편소설, 보고서 등 긴 글을 작성하거나 수정할 때 유용. 논문, 보고서, 법률 문서 등을 한꺼번에 업로드해 통합 분석하는 데 뛰어남.

* 특정 용도에 특화된 AI

• 번역

서비스 이름	서비스 기업	최적 용도	특징
파파고 (Papago)	네이버	한국어 관련 대화, 국내 콘텐츠 번역	한국어 표현에 최적화되어 있고 자연스러운 구어체, 높임말 번역. 한국어와 영어, 중국어, 일본어 번역에서 특히 뛰어남. 무료 서비스.
구글 번역 (Google Translate)	구글	일상생활, 여행, 희귀 언어 번역, 일반적인 짧은 문장	폭넓은 언어 지원, 다양한 편의 기능(사진을 찍으면 번역해주는 '구글 렌즈') 탑재. 직역 위주의 번역이라서 부자연스러운 문장. 무료 서비스.
딥엘 (DeepL)	딥엘	비즈니스 문서, 학술 자료, 유럽 언어 번역, 전문 통·번역 서비스 대체 가능	높은 번역 품질, 자연스러운 문장, 유럽 언어에 강점. 유료 서비스 '딥엘 프로' 이용하면 매우 긴 문장, PDF, doc 파일도 포맷 유지한 채 통째로 번역해줌.

· 그림, 이미지 제작 및 편집

서비스 이름	서비스 기업	최적 용도	특징
미드저니 (Midjourney)	미드저니	예술적이고 독창적인 이미지 생성	몽환적인 스타일, 사용이 편리한 자연어 입력 기반, 협업 용이. 유료 서비스, 사용 난이도가 비교적 높음, 초보자에게 비친화적.
스테이블 디퓨전 (Stable Diffusion)	스테이블AI	모델 수정해 커스터마징한(사용자의 용도, 취향에 맞는 변형) 작업과 연구 목적	무료이고 오픈소스 기반이라 이용자가 높은 자유도를 이용해 맞춤화할 수 있음. 자신만의 데이터세트를 학습시켜 상업적 이용도 가능.
달리 (Dall·E)	오픈AI	사실적 이미지의 생성 및 편집	직관적인 사용법, 높은 사실성, 이미지 편집 기능 우수. 유료 서비스. 커스터마이징이 제한되고, 상업적 이용이 어려움.

· 문서 작성

서비스 이름	서비스 기업	최적 용도	특징
MS365 코파일럿	마이크로소프트	워드, 엑셀 등 오피스 문서의 자동 처리	MS 오피스 환경의 문서작업 완벽하게 통합해 사용자 친화성 높음. 유료 구독료 외에 별도의 라이선스 비용이 들 수 있음.
노션AI (Notion AI)	노션	문서, 데이터베이스, 표, 프로젝트 통합 관리	다양한 형식의 데이터와 문서를 유연하게 처리할 수 있는 범용 문서 처리 서비스. MS, 구글과 다른 UI로 사용환경을 익혀야 함.
클로바 노트	네이버	회의록 자동 작성	음성 파일을 텍스트로 변환해 전체 발언록을 자동 작성하고 요약 정리하는 기능, 화자별 발언록도 제공. 한국어 인식률이 매우 뛰어남.
구글 워크 스페이스AI	구글	구글 문서 등 구글 워크스페이스 문서 처리	협업 기능 강력, 클라우드 기반으로 접근성 우수.
감마 (Gamma)	감마	PPT, 웹페이지 등 자동 제작	텍스트만 입력하면 AI가 내용을 분석해 자동으로 슬라이드 디자인과 레이아웃 만들고 적절한 본문 내용 구성해줌.

- 학습 보조

서비스 이름	서비스 기업	최적 용도	특징
듀오링고 (Duolingo)	듀오링고	외국어 학습	게임 기반, AI 맞춤형 학습으로 재미있고 쉬운 학습, 다양한 언어 지원 가능.
스픽 (Speak)	스픽이지 랩스	외국어 회화	실용적인 말하기 능력 향상, 즉각적인 피드백.
칸미고 (Khanmigo)	칸아카데미	수학(개념학습)	사고력 및 문제 해결 능력 향상. 답안 찾기보다 수학 개념을 깊이 있게 이해하고 싶을 때 유용.
포토매스 (Photomath)	구글	수학(문제풀이)	카메라로 문제를 촬영하면 단계별 풀이 제공. 빠르고 간편한 문제 해결, 숙제 검토 용이.

- 코딩

서비스 이름	서비스 기업	최적 용도	특징
깃허브 코파일럿 (Github Copilot)	깃허브, 오픈AI	모든 개발과 테스트	최대 개발자 커뮤니티 깃허브에서 검증되고 안정적인 코드를 추천해, 코드 자동 작성 가능. 버그 수정 코드도 생성.
코드 위스퍼러 (Code Whisperer)	아마존 웹서비스 (AWS)	AWS 기반, 보안을 중시하는 개발 업무	코드 작성 시 실시간으로 보안 취약점을 스캔하고 개선 제안까지 제공. 주요 보안 취약점에 대한 자동 검사 기능.

⑥

강력한 개인 vs. 강력한 집단

인공지능을 만능 비서처럼 활용하는 세상이 도래하면, 어느 때보다 강력한 개인이 등장할까? 아니면 AI라는 강력한 도구를 능숙하게 다루는 집단과 조직이 더 큰 지배력을 행사하게 될까?

자본주의 사회에서 가장 강력한 힘은 돈이다. 거의 모든 것을 구매할 수 있는 사회에서 많은 자산을 가진 사람은 강력한 개인으로 통한다. 지난 시절 왕과 귀족, 재벌이 대대로 강력한 힘을 유지할 수 있었던 것은 그들이 가진 돈의 힘 때문이기도 했다. 그 돈과 자산은 자녀와 후대로 상속되었고 그 힘도 함께 이전되었다. 자수성가로 당대에 엄청난 부를 일군 재벌도 있지만, 흔치 않았고 그 경우에도 기업과 같은 조직을 통해서였다. 한국과 달리 미국에서는 최고 부자 대부분이 자수성가한 기업가들이다. 〈포브스〉가 해마다 발표하는 세계 부자 명단을 보면, 2025년 기준으로 일론 머스크(테슬라), 마크 저커버그(메타), 제프 베이조스(아마존), 래리 엘리슨(오라클), 워런 버핏(버크셔 해서웨이), 래리 페이지(구글), 세르게이 브린(구글), 스티브 발머(마이크로소프트) 등 8명의 미국인이 10위 안에 들어 있다.[45] 하나같이 물려받은 자산에 의존하지 않고 스스로 창업해 당대에 최고의 부를 축적한 이들이다. 자본주의 사회에서는 기업을 창업해 키워내는 것이 최고의 부를 일구는 방법이다. 즉 강력한 개인이 되는 최적의 경로는 세계적 수준의 첨단 기술기업을 설립해 성공적으로 운영하는 것인데, 이는 혼자서 할 수 있는 일이 아니다. 치밀한 전략과 준비, 외부 지원, 시행착오, 그리고 뜻을 함께하는 조직이 필요하다. 하지만 인공지능의 출현으로 새로운 경로가 가능해졌다.

"1인 유니콘 기업 출현이 멀지 않았다"

2024년 2월, 오픈AI의 CEO 샘 올트먼은 여러 언론과의 인터뷰에서 "1인 유니콘 기업의 탄생이 멀지 않았다"며 "인공지능이 없었다면 상상도 할 수 없었던 일이 이제 일어날 것"이라는 대담한 전망을 내놓았다.[46] 오픈AI의 주요 인재들이 독립해 창업한 인공지능 개발기업 앤트로픽의 최고경영자 다리오 아모데이는 최초의 '1인 유니콘 기업'이 2026년이 면 등장할 것이라고 그 시점을 못 박기도 했다.[47] '유니콘 기 업'은 기업 공개 이전의 스타트업이 기업 가치 10억 달러(약 1조 4000억 원) 이상으로 평가받는 기업을 가리킨다. 2013년 벤처투자자 에일린 리가 이런 기업은 상상 속에나 있는 유니 콘처럼 희소하다는 의미로 처음 사용한 말이다. 창업자의 노 하우나 기술에 기댄 소규모 스타트업이 아닌, 기업 가치 10억 달러에 이르는 거대 기업을 과연 한 사람이 설립하고 운영하 는 것이 가능할까?

현재 쏟아져나오고 있는 AI 에이전트들과 인공지능 기술 의 발전 속도를 고려하면 불가능한 전망이 아니다. 기업은 안 정적 영업활동을 통해 지속적인 수익을 내고 성장해야 한다. 이런 기업을 설립하고 운영하기 위해서는 복잡한 업무와 절 차, 이를 담당할 적절한 인력이 있어야 한다. 그래서 한 개인 이 규모가 있는 기업을 설립해서 키워내고 안정적으로 운영 한다는 것은 지금까지 거의 불가능한 일이었다. 하지만 인공 지능 기술 이후 세상은 빠르게 달라지고 있다. AI를 활용해 한 사람이 해낼 수 있는 일의 종류와 범위가 엄청나게 확대 되고 있다.

2019년 영국에서 설립된 스타트업 기업 스태빌리티 AI가 2022년 오픈소스로 공개한, 텍스트를 이미지로 바꿔주는 text-to-image '스테이블 디퓨전'은 이미지 제작 관행에 일대 혁신을 가져왔다. 월트 디즈니 스튜디오 회장을 지내고 드림웍스를 창업해 〈인어공주〉, 〈라이언 킹〉, 〈슈렉〉 등 숱한 블록버스터를 만들어낸 유명 영화제작자 제프리 카젠버그는 2023년 "AI 기술이 애니메이션 영화 제작 비용을 90% 이상 줄여줄 수 있다"고 주장했다. 과거엔 500명 넘는 아티스트들이 몇 년 동안 작업해야 했던 애니메이션 제작이 인공지능 도구를 활용하면서 훨씬 적은 인력과 시간으로 가능해진 것이다.[48]

오픈AI에서 출시한 소라Sora나 챗GPT의 이미지 제작 기능도 비슷하게 활용되고 있다. 누구나 텍스트 입력만으로 정교하고 생동감 넘치는 동영상을 손쉽게 제작할 수 있다. 2025년 3월 오픈AI는 '챗GPT-4o'에 이미지 생성 기능을 추가해, 업로드한 사진을 지브리 스튜디오나 디즈니 만화, 심슨가족 등 유명한 애니메이션 스타일로 손쉽게 바꿀 수 있는 기능을 출시했다. 이에 전 세계에서 수많은 이용자들이 자신의 사진을 지브리 애니메이션 속 캐릭터처럼 변형해, 소셜미디어에 공유하는 놀이가 순식간에 번져나갔다. 샘 올트먼은 "한 시간 만에 챗GPT 유료 고객이 100만 명 이상 늘어날 정도"로 선풍적 인기를 끌었다고 자랑했다.[49]

AI 에이전트는 정교한 이미지나 텍스트를 생성하는 수준에서 한 걸음 더 나아가 복잡하고 오랜 시간이 걸리는 작업을 자율적으로 완성할 수 있는 차원으로 진화하고 있다. 이처럼 빠르게 발전하는 인공지능 기술을 활용하면 창작자가 자신을 대신하는 AI 에이전트를 통해 1인 기업을 설립 및 운영할 수 있다. 깃허브 코파일럿, 아마존 코드위스퍼러 같은 프로그래밍 지원 AI와 거대 언어모델 도구는 코딩에서 고객 서비스에 이르기까지 기업의 다양하고 복잡한 업무를 처리할 수 있어 직원들을 대체할 수 있다.

혁신적 스타트업들은 최소 규모의 직원과 조직으로도 매우 높은 가치를 창출해낸다는 걸 이미 여러 차례 보여줬다. 2012년 직원이 13명에 불과한 실리콘밸리의 초미니 스타트업 인스타그램이 10억 달러에 인수되며 큰 화제를 모았다. 당시 인스타그램을 10억 달러에 인수한 페이스북의 성장세는 이후 더욱 가속화됐다. 마이크로소프트는 2014년 직원 40명에 불과한 마인크래프트 제작사 모장Mojang을 25억 달러(약 3조 6000억 원)에 인수했다. 같은 해 페이스북은 카카오톡과 유사한 글로벌 메시징 어플 왓츠앱WhatsApp을 220억 달러(약 32조 원)에 인수했는데, 당시 모장의 직원은 55명에 불과했다.

기획자·개발자 위주의 소규모 스타트업이 인스타그램, 마인크래프트, 왓츠앱처럼 수천만~수억 명에 이르는 전 세계 사용자들을 대상으로 한 글로벌 인기 서비스를 운영할 수 있는 것은 이를 가능하게 해주는 기술적·경제적 구조 덕분이다. 대규모 인원을 대상으로 안정적 서비스를 가능하게 해주는 클라우드 컴퓨팅을 비롯해, 전자상거래 플랫폼, 결제 처리 API, 매출·재무 관리, 인사·조직 관리, 고객 서비스 등 대부분의 직무를 모듈별로 아웃소싱하거나 자동화할 수 있는 기술과 지원 상품이 이미 발달해 있다. 인력 대부분이 기획과 개발 같은 핵심 서비스에 집중할 수 있는 배경이다.

이런 환경에서 최근의 인공지능 기술과 다양한 AI 에이전트 서비스는 기존의 클라우드와 아웃소싱, 자동화 업무 환경을 더욱 슬림화하고 자동화할 수 있는 역량을 제공한다. 인공지능을 업무에 폭넓게 활용하는 방식으로, 특정한 AI 에이전트 하나에 여러 업무를 맡기는 게 아니라 동시에 여러 AI 에이전트를 사용해 다양한 업무를 할당하는 방식이다. 이는 기업이 다양한 직무를 담당하는 직원들을 뽑고, 회의와 협업을 통해 기업 공동의 목표를 수행하도록 하는 방식과 비슷하다.

구체적으로는 AI 에이전트별로 특정한 페르소나(인격, 성격)를 지니도록 해, 고유한 역할과 업무를 맡아 처리하도록 하는 방안이 권장되고 있다.[50] 예를 들면, 상품 기획에서 브레인스토밍과 아이디어를 잘 끌어내는 AI 에이전트, 아이디어의 현실성과 실행 가능성을 꼼꼼하게 평가하는 관리자 역할의 AI 에이전트, 연구·개발과 제품 생산을 맡는 AI 에이전트, 매출·마케팅 담당의 AI 에이전트, 고객상담·서비스 담당의 AI 에이전트 등 조직의 업무 분장과 유사한 방식으로 다수의 AI 에이전트를 할당해 각각 고유 업무를 진행하고 AI 에이전트들이 서로 소통하고 협업하도록 하는 방식이다. 샘 올트먼과 다리오 아모데이 등이 인공지능에 기반한 1인 유니콘 기업의 등장이 멀지 않았다고 장담하는 기술적 배경이다.

1인 기업의 설립과 운영은 디지털과 인공지능 서비스 덕분에 가능해졌다. 각종 사무자동화 도구를 비롯해 다양한 전문 서비스와 외부 자원을 거래하고 아웃소싱할 수 있는 지식 공유 플랫폼, 온라인 장터가 늘어나고 있다. 온라인 기반의 커뮤니케이션과 협업 도구들은 원격근무의 효율성을 높여준다. 아이폰 앱스토어 이후 앱 개발 생태계가 활성화했고, 이른바 '제4차 산업혁명'이 부상하면서 소규모 스타트업 창업과 정책적 지원도 활발하다. 2024년 기준 국내 '1인 창조기업'은 100만 개를 돌파했고, 이는 전체 창업기업(483만여 개)의 21%에 해당하는 수치다.[51] 디지털과 인공지능 서비스에 익숙하고 독립성과 자율성을 중시하는 디지털 네이티브에게 1인 기업은 인공지능 시대의 강력한 개인이 나아갈 방향으로 보인다.

강력한 개인보다 더욱 커질 협업의 힘

하지만 이러한 전망과 기술적 배경과 달리 실제로 '1인 유니콘 기업'이 등장할지는 알 수 없는 일이다. 이론적으로 가능한 것과 실제로 작동하는지는 별개인 경우가 많다. 왜냐하면 이론과 언어적 설명은 논리 구성과 설득을 위해 필요한 일부 요소만을 골라내 구성한, 인위적인 스토리인 경우가 대부분이기 때문이다. 재미있는 소설이나 드라마의 줄거리가 독자와 시청자의 눈에 아무리 그럴듯하게 받아들여져도 현실에서 그 이야기가 실제로 가능한지는 전혀 별개의 문제인 것과 마찬가지다. 왜냐하면, 현실은 두드러진 몇 개의 요소나 설득력 있는 스토리로 압축되기 어려운 '복잡계'이기 때문이다. 복잡계는 눈에 보이지 않거나 우리가 그 힘의 존재를 알지도 못하는 무수한 요인들에 의해서 영향을 받는 세계인데, 우리는 그중에서 일부분만을 보고 그럴싸한 줄거리로 설명하고 이야기로 만들어내는 경우가 많다.

인공지능 기술을 활용하는 개인의 역량이 커지고 개인이 강화된 역량을 발휘할 수 있는 영역이 확장되고 있다는 것은 명확하다. 하지만 '강력한 개인'이 출현할 수 있는 여건이 마련되었다고 해서 모든 사람이 개인 위주로 일하거나 1인 기업화해야 한다는 얘기는 아니다. 아무리 강력한 개인이 등장할 수 있는 조건이 갖춰졌더라도, 그러한 개인들이 서로 협력하고 소통하며 활동하는 조직이나 집단이 1인 기업보다 장점과 시너지 효과가 훨씬 크다면 문제는 달라진다. 실제로 기업 활동을 비롯해 사회와 관련된 일은 사람들과의 관계가 핵심이고, 대체로 개인으로서 작업할 때보다 상대와 소통하고 협업할 때 훨씬 더 큰 가치가 생겨난다.

대니얼 바실레프는 2016년 '포켓몬 고' 열풍 당시, 수백만 건이 넘는 다운로드를 기록하며 앱스토어 1위를 차지한 실시간 포켓몬 추적 앱 '포크웨어PokeWhere'를 개발한 서비스 기획자 출신이다. 그는 인공지능 열풍이 불자 다시금 새로운 개발 생태계가 만들어질 것으로 보고, AI 에이전트 기반의 업무자동화 플랫폼 서비스를 제공하는 기업 '렐러번스

AI_{Relevance AI}'를 동료와 함께 창업했다. 그런데 바실레프는 1인 기업의 성공 파트너를 제공하는 AI 에이전트 사업을 하고 있지만, 1인 유니콘 기업의 등장에는 회의적이다. 1인 기업의 성장 잠재력은 분명하지만, 기업 활동이나 기업가적 관점에서 보면 실제로는 의미가 없을 수 있다. 사람과 사회는 관계를 중시하기 때문이다. 함께하는 동료가 있을 때 우리는 더 창의적으로 사고할 수 있고, 기업은 규모의 경제를 실현할 수 있다. 그는 "혼자서 10억 달러 규모의 사업을 만들 수 있는 잠재력을 가지고 있는데, 10명의 사람들과 함께 100억 달러 규모의 사업을 구축하지 않을 이유가 있겠느냐?"고 되묻는다.[52]

또한 아무리 다재다능한 AI 에이전트를 여럿 사용해도, 최종 선택과 판단은 사람의 몫이다. 혼자서 기업의 모든 책임을 떠맡고, 365일 24시간 쉬지 않고 업무를 처리하는 것은 불가능에 가깝기도 하지만, 무엇보다 그 방식은 지속 가능하지 않다. 기업가가 된다는 것은 한편으론 힘들고 외로운 여정이며, 조직과 동료들을 필요로 한다.[53] 기업의 책임과 실적을 지분에 따라 공유하고 나누기 위한 유한책임 법인인 주식회사가 자본주의 시장경제에서 가장 대표적인 기업 형태로 자리 잡은 배경이다. 벤처캐피털 기업은 유망한 스타트업과 창업자를 선택해 투자 결정을 하는데, 1인 기업은 아예 검토 대상이 아니다. 아무리 뛰어난 아이디어와 기술력을 지닌 창업자라고 해도, 팀을 이뤄야 비로소 기업으로서 성장하고 지속 가능성도 커지기 때문이다. 유망한 기술과 사업 아이템을 가진 스타트업에 투자하고 성장을 지원하는 벤처캐피털은, 창업자와의 시너지를 극대화하기 위해 효율적인 팀 구성을 추천하거나 요구하는 데 주력한다.

최고의 인재들은 분업과 협업의 가치를 중시하고 소통에 적극적이다. 인공지능 분야 최고의 인재들이 모인 오픈AI에서는 2023년 11월 최고경영자 샘 올트먼의 경영전략을 둘러싸고 축출과 복귀 등 격렬한 충돌이 벌어졌고, 그 일을 겪은 뒤 고위층과 핵심 인력의 상당수가 회사를 떠나는 선택을 했다. 이들 중 다수가 퇴사 뒤 인공지능 분야 스타트업을 설립했는데, 단기간에 수십억 달러 넘는 기업 가치를 인정받아 투자가 몰리면서 주목받았다. 오픈AI의 공동창업자로 샘 올트먼 축출에 앞장섰던 일리야 수츠케버는 오픈AI 퇴사 뒤 2024년 5월 AI 스타트업 '세이프 슈퍼인텔리전스'Safe Superintelligence를 창업했다. 오픈AI 동료인 대니얼 레비, 대니얼 그로스 등과 공동 창업했는데 1년도 안 돼 기업 가치 30억 달러(약 43조 원)를 인정받으며 거액의 투자금을 유치했다. 오픈AI 연구원 출신인 아라빈드 스리니바스 등 4명이 2022년 공동 창업한 뒤 내놓은 '퍼플렉시티'는 구글을 대체할 인공지능 검색 서비스로 한껏 기대를 모으고 있다. 퍼플렉시티는 50명의 인원으로 창업 20개월 만에 '유니콘 기업'의 지위에 오르며, 검색 서비스의 지형을 바꾸고 있다. 오픈AI의 최고 기술책임자CTO였던 미라 무라티는 2025년 2월 인공지능 스타트업 '싱킹 머신 랩Thinking Machines Lab'을 창업했는데, 여기엔 오픈AI의 공동창업자인 존 슐먼, 스페셜 프로젝트 책임자를 지낸 조너선 라흐만, 배럿 조프 전 부사장 등이 합류했다. 각광받는 AI 분야 최고 기업들의 공통점은 하나같이 '최고의 팀'을 이뤄 창업했다는 것이다.

다른 분야도 비슷하다. 탁월한 능력과 기술을 발휘해 1인 기업으로 성공한 유명 뮤지션이나 연예인, 스포츠 스타, 콘텐츠 크리에이터 등도 자리를 잡으면 금세 관행을 바꾼다. 전문 매니저를 고용하거나 엔터테인먼트 전문기업을 선택해 관리와 마케팅 계약을 맺는다. 나 홀로 성공을 이뤘지만, 조직적 지원을 받고 전문가와 협업할 수 있으면 성과가 더욱 커지기 때문이다.

왜 협업이 더욱 중요해지는가

이러한 현상은 인공지능 세상에서 '강력해질 개인'이 나아갈 방향을 제시한다.

1인 가구와 1인 기업의 증가, 결혼율과 출산율 저하, '혼밥', '혼행' 등 독립성과 자유를 중시하는 개인주의 트렌드가 사회 다양한 영역에서 확산하고 있다. 여기에 기술적 측면에서는 AI 에이전트 등의 맞춤형 AI 서비스가 '강력한 개인'의 등장을 예고한다. 그렇지만 많은 전문가들은 강력한 조직과 집단이 여전히 강력한 개인을 능가할 것으로 전망한다. 소통과 협업은 인류 역사에서 언제나 중요했는데, 이는 인공지능 시대에도 변하지 않았을 뿐 아니라 오히려 그 가치가 더욱 커지고 있다. 이런 현상이 나타나는 몇 가지 요인이 있다.

첫째, 인공지능은 절대 반지처럼 1인이 배타적으로 소유하는 게 아니다. 모두에게 개방되어 있고 손쉽게 활용할 수 있는 기술이자 도구인 만큼 누구든지 창업의 기회가 열려 있다. 그런데 개인이 과거보다 월등한 능력을 갖추었더라도, 팀으로 대응하고 전문가들의 지원을 받는 강력한 개인들이 모여 있는 조직과 경쟁하기는 어렵다. 변호사나 전문의도 사업체를 혼자서 운영할 수 있지만, 전문성과 서비스 강화를 위해 여러 전문가가 협업하는 법무법인이나 공동개원 형태로 규모를 갖춰 운영하는 사례가 점점 늘고 있다.

기업이나 대학 등의 조직은 구성원들의 역량이 경쟁력의 핵심인 만큼 최고의 인재 선발에 주력한다. 스카우트 요청이 쏟아지는 A급 인재의 관점에서 '취업을 제안하는 여러 곳 중에서 어디로 갈 것인가'를 따진다면 급여, 대우, 업무 환경 등 여러 가지가 고려되겠지만, 그중에서도 어떤 동료들과 일하는지가 특히 중요하다. 최고의 인재들은 일상적인 소통과 협업을 통해 자신이 배우고 성장할 수 있는지를 우선적으로 고려한다.

2022년 '수학계의 노벨상'으로 불리는 필즈상을 받은 허준이 교수는 자신이 프린스턴대학교를 선택한 이유에 대해 밝힌 바 있다.[54] 허 교수는 괄목할 연구성과를 기반으로 2020년 하버드대, 스탠퍼드대, 프린스턴대로부터 동시에 종신교수 직을 제안받아 화제가 됐다. 그런데 허 교수는 한 방송 대담에서 전혀 망설임 없이 프린스턴대를 선택했다고 말했다. 그는 "아인슈타인이 연구했던 프린스턴대 고등연구소는 '수학자와 이론물리학자들의 천국'으로 불리는 곳인데, 세계 최고의 수학자들과 생활하며 늘 대화할 수 있다는 점이 무엇보다 큰 장점"이라고 밝혔다. 최고의 인재들은 뛰어난 동료들과 활발히 소통하고 협업할 수 있는 환경을 우선하고, 결국 그런 조직으로 모이게 된다. 이는 인공지능 환경에서도 변하지 않을 조건이다.

둘째, 개인의 주의력과 역량에는 한계가 있다. 조직적이고 구조화된 집단의 힘을 개인 혼자 맞서거나 뛰어넘기는 어렵다. 아무리 다재다능한 AI 에이전트와 알고리즘을 도우미로 활용하고 업무를 위탁하더라도 최종 판단이나 결정은 사람이 내려야 한다. 챗GPT 이후 변호사 등 전문가들이 AI 서비스의 결과를 검증하지 않고 사용했다가 낭패를 본 사례들을 앞서 확인했다. 점점 더 다양한 기능의 AI 에이전트가 일상과 업무 영역 곳곳으로 확산할 것으로 전망됨에 따라, AI에 대한 의존도는 갈수록 커질 수밖에 없다. 그럴수록 최종 판별자, 감별사로서 사람의 역할과 책임이 중요하다. 정확한 판단과 합리적인 결정을 위해서는 주의를 쏟아 집중해야 하는데, 사람의 주의력은 기계와 달리 제한적이다. '1만 시간의 법칙'을 소개한 심리학자 안데르스 에릭슨에 따르면, 보통 사람이 하루에 집중할 수 있는 시간은 1시간 안팎이다. 숙련된 전문가라 해도 하루 3~4시간 정도가 한계이며, 그 이상이 되면 집중력이 급격히 떨어진다.

그래서 협업과 동료가 필요하다. AI가 생성한 방대한 결과물을 검증하고 의사결정을 내리는 과정에서 한 개인의 주의력은 얼마 지나지 않아 소진된다. 만약 동료 팀원들과 역할을 분담할 수 있다면, 각자 집중력이 높은 상태로 다른 관점에서 결과물을 교차 점검할 수 있을 것이다. 아무리 AI 서비스가 훌륭해도 사람마다 AI를 활용하는 방식과 전문 분야, 관점에서 차이가 있다. 복잡한 문제일수록 다양한 관점과 분야별 전문성이 필요하다.

이미 다양한 분야에서 AI를 동료와 비서 역할로 활용하고 있지만, 이들 분야에서 팀과 조직이 사라지기보다 오히려 협력과 공조 체계를 중심으로 확대되는 경향이 나타나고 있다. 의료, 언론, 법률 등의 전문조직이 대표적 사례다. 의료 현장에서는 진단 보조 AI 활용이 늘어나고 있지만, 병원 규모는 커지고 있다. AI를 활용한 결과를 더 많은 의료진이 공유하고 함께 검토할 때 최적의 진료법을 발견할 수 있기 때문이다. 기자 한 명이 AI를 활용해 취재와 편집, 배포를 할 수 있는 환경이지만, 여전히 언론사 뉴스룸은 하나의 유기체처럼 움직인다. 취재기자, 데스크, 데이터 분석가, 편집 디자이너, 소셜미디어 담당자, 법률 전문가 등이 유기적으로 협업하며 각자의 전문성을 발휘해 보도의 정확성과 영향력을 확대한다. AI는 개인의 역량을 증폭시키는 도구이지만, 집단의 힘을 대체하기 힘들다. 사람들이 모여서 협업하고, 토론과 피드백을 주고받을 때 시너지와 영향력이 커지는 까닭이다. 그 토론과 협업의 과정에서 인공지능 도구는 더욱 효과적으로 활용되고 다양한 관점으로 검증을 받기 때문에, 뛰어난 개인이 AI와 홀로 작업할 때의 결과를 능가한다.

언급한 것처럼 상의 권위를 담보하는 장치는 전문가들로 이뤄진 심사위원회인데, 노벨상·쇼팽콩쿠르를 포함해 높은 권위를 지닌 상의 심사위원회는 해당 분야 최고 전문가 1인이 결정하는 구조가 아니다. 학술 논문 심사에서도 권위자 1인의 평가가 아닌 위원회 형태의 동료 평가(피어 리뷰)를 거쳐서 논문의 정확성과 권위를 부여한다. 인간 동료 대신 AI랑만 협업하는 사람이 팀원들끼리 효율적으로 협업하는 집단을 능가하기는 쉽지 않다. AI 시대에는 협업의 가치가 줄어드는 게 아니라, 오히려 협업의 대상이 인간 동료만이 아니라 AI까지 포함해 더욱 확대되고 있다.

셋째, 복잡도가 증가하면 예측 불가능성이 커져 개인으로 대응하기 어려워진다. 인공지능 기술과 이를 활용하는 강력한 개인이 등장한다는 것은 산업과 사회생활에 새로운 변수에 생겨난다는 것을 의미한다. 연못이나 숲속에 생존력 강한 새 외래종이 유입되면 지금까지 조화를 이뤄왔던 생태계는 전에 없던 변화와 혼란에 빠진다. 사회도 마찬가지여서 시스템 안에 신기술이나 강력한 개인이 새로운 변수로 등장하게 되면 시스템 내의 복잡도와 예측 불가능성이 높아진다. 이전 상황에 최적화된 시스템이나 대응방식은 통하지 않게 된다.

2장에서 설명한 것처럼, 지식정보 사회의 주된 특징은 방대한 정보가 끊임없이 생성되어 활용된다는 점이다. 이는 다양한 영역에 걸쳐 우리가 이전에 겪어보지 못한 속도와 범위의 변화를 일으키며, 그 변화를 갈수록 커지고 빨라지게 만든다. 인공지능은 점점 더 다양한 데이터와 방대한 매개변수를 반영한 알고리즘을 통해 정교한 예측 시스템을 만들어낸다. 그러나 현실을 훨씬 더 정확하게 예측하고 대응하기 위한 알고리즘이 개발되어 적용된다고 해도, 예측 알고리즘은 제대로 작동하기 어렵다. 예를 들면, 1990년대 서울시가 도심 차량 진입을 줄이기 위해 남산 1·3호 터널에 혼잡통행료를 징수했더니 운전자들이 인접 무료도로로 우회하면서 오히려 도심 교통혼잡이 심해지는 결과가 나타난 사례가 있다. 주식 시장에 점점 더 정교한 매매예측 알고리즘을 투입한다고 해서 주식 거래가 예측 가능해지는 것은 아니다. 새로운 변수가 투입될수록 복잡도가 높아지고 결과적으로 예측 불가능성만 커지게 된다. 실제로 알고리즘에 의한 주식매매가 점점 늘어나고 있지만, 글로벌 주식시장에서는 이유 없는 급등락 현상이 수시로 일어나고 있다.[55] 여러 변수 중에서도 가장 예측하기 힘든 것이 사람의 심리와 반응이다. 사람의 핵심적 인지 기능은 예측하는 능력인데, 이는 고정적인 것이 아니다. 새로운 변수가 들어오면, 사람들은 이를 반영해 행동을 바꾸기 때문에 그 행동을 예측하는 것은 늘 어렵다.

정보사회는 지식과 기술의 빠른 변화, 그리고 그에 따라 달라지는 사람들의 반응으로 인해 갈수록 예측 불가능성이 커진다. 개인이 아무리 뛰어난 AI 에이전트를 활용한다고 해도 한계가 있고, 예측 불가능성이 커질수록 협업의 필요성은 뚜렷해진다. 미래학을 개척해 '미래학의 대부'로 불리는 제임스 데이터 하와이대 교수는 미래학은 단일한 미래에 대한 예측이 아니라 '복수의 가능한 미래'에 대한 연구라고 말한다. 예측 불가능한 복수의 미래에 대비하려면 다양한 전문가들과의 심도 있는 검토와 토론, 대응이 필요하다.

강력한 개인이 협업해야 하는 까닭

모두에게 성공의 도구가 주어졌지만, 위와 같은 이유로 한 개인이 집단이나 조직과 경쟁하는 데 역부족이라면 '강력한 개인'의 등장은 허구일까? 과거처럼 어려운 시험을 통과한 우수한 인재들이 모인 힘 있는 거대 조직에 속해 구성원으로 일하는 편이 현명한 전략일까?

이런 물음에는 'Yes'나 'No', 양자택일로 답변하는 것이 타당하지 않다. 과거의 잣대나 이분법적 관점으로 보는 대신 새로운 변화를 받아들이고 적응하는 과정이 필요하다. 앞으로 강력한 개인이 된다는 것은 과거에 비해 훨씬 더 협업하며 살아가는 것을 의미한다. 그런데 협업 대상은 사람과 조직만이 아니라, 새로운 동반자로 등장한 인공지능도 포함된다. 모든 것이 항상 연결되고 변화의 속도와 규모가 커질수록 우리는 달라진 환경에 새롭게 적응해야 한다. 변화한 환경에 적응한다는 것은, 익숙한 생각과 방식을 내려놓고(언러닝) 새로운 앎으로 스스로를 '새로 고침'(업데이트)하는 과정이다. 그런데 새로운 지식과 기술을 받아들이는 일은 혼자서 할 수 있는 게 아니다. 소통과 협업을 통해서 비로소 가능하다. 새로운 정보와 다른 관점을 받아들이는 행위가 바로 소통과 협업의 구체적 과정이다. 끝없이 새로 고침을 해야 하는 정보기술 세계에서는 소통과 협업을 통해서, 새로운 정보와 변화를 만나고 받아들일 수 있다.

그렇다면 앞으로의 소통과 협업은 과거와 무엇이 달라지는가? 그 대상의 범위도 확대되고 변화도 빨라지겠지만, 무엇보다 과거에 없던 인공지능이 그 대상이 된다는 점이 중요하다. 이는 인공지능을 파트너와 비서처럼 여기고 최신 모델과 기능에 대해서 학습하고 실제 업무와 일상에 적용해야 한다는 걸 의미한다. 이는 단순한 호불호나 개인의 선택 차원을 넘어선다. 정보사회에서는 인공지능 기술과 서비스 없이는 일상생활이 거의 불가능하기 때문이다. 우리는 이런 변화를 선택의 여지 없이 받아들일 수밖에 없다.

케빈 켈리는 인공지능을 주작업자를 도와 일하는 부조종

사(코파일럿) 또는 범용 인턴으로 활용해야 한다고 말한다. 인턴은 최종 결과물을 직접 만들거나 그에 대한 책임을 지는 역할은 하지 않는다. 인공지능은 사용자가 품은 의도와 아이디어를 구현하는 데 협력하며, 최고의 결과물이 나올 수 있도록 매 단계에서 돕는 역할을 한다. 이런 도우미의 역할은 인공지능에 내재한 것이 아니다. 사용자가 인공지능을 자신만의 목적과 방향에 맞춰 똑똑한 범용 인턴이자 비서처럼 활용할 수 있을 때 비로소 그것이 가능해진다.

인공지능 기술 덕분에 개인의 능력이 강력해졌지만, 동시에 사람이 다뤄야 할 대상과 문제 또한 갈수록 전문화하고 복잡해지고 있다. 병원의 예를 보자. 인공지능이 도입되면서 질병 진단기법과 치료 장비의 성능이 과거에 비해 크게 개선되었고, 의료 기술도 진일보했다. 축적된 의료 기법과 지식, 임상 사례 덕분에 과거에 비해 의사 한 사람의 역량은 훨씬 커지고 확대됐다. 하지만 병원과 의원들은 더욱 대형화, 전문화하고 있으며, 다양한 분야의 전문의들 간에 협진 체계는 갈수록 확대되고 있다.

지식이 전문화하고 복잡해질수록 폭넓은 규모로 협업하는 능력이 중요하다. 복잡한 기계장치가 필요한 우주선을 만들거나 암 수술을 하는 데 필요한 전문적 능력을 한 개인이 보유할 수는 없다. 또한 그 협업과 소통의 대상은 사람만이 아니라 인공지능 비서와 같은 새로운 대상으로 확대된다. 인간이 단기간에 코로나 백신을 개발하고 달 탐사에 성공하는 등 어렵고 복잡한 문제를 해결할 수 있었던 것은, 서로 소통하고 협력하며 정보를 공유하는 능력을 발휘했기 때문이다. 생성 인공지능 시대에 개인의 능력이 아무리 강력해져도 기업과 대학 등 각종 조직이 사라질 리는 만무하다. 아무리 기술이 발달하고 이를 영리하게 활용할 줄 아는 뛰어난 개인들이 등장하더라도 소통과 협업의 가치는 오히려 더욱 커질 따름이다.

(7)

AI가 인간을 대체할 수 없는 까닭

인공지능 기술을 활용한 다양한 자동화 서비스가 등장하면서 각 분야에서 일자리 불안이 확산하고 있다. 편리하고 강력한 신기술이 등장할 때마다 관련 분야 종사자들의 일자리는 위협받고 불안정해진다. 산업혁명 초창기 영국에서 방적기에 이어 직조기가 투입되면서 일자리를 잃은 공장 노동자들이 기계파괴운동(러다이트)에 나선 것처럼, 인공지능 기술의 확산은 기계와 사람 간의 대립으로 이어질 수 있다. 나아가 인간의 지적 능력을 뛰어넘는 범용 인공지능AGI의 출현이 사람들의 직업과 일자리를 넘어 인류의 생존 자체를 위협할 수 있다는 우려의 목소리도 커지고 있다. 인공지능은 우리 삶을 개선하고 편리하게 해주는 도우미일까, 아니면 개인들의 일자리와 사회 시스템을 위협하는 괴물일까?

일자리 불안, 블루칼라에서 고소득 전문직으로

국제통화기금IMF은 2024년 1월 보고서를 펴내, 인공지능이 인류의 미래 일자리를 대체할 수 있다고 경고했다. 보고서는 전 세계 기준으로 40%, 선진국에서는 60%의 직업이 인공지능의 영향을 받을 것으로 전망했다.[56] 특히 제조·운송·사무직 분야에서 인공지능이 인간 노동력을 대체할 가능성이 높다는 분석이 나왔다. 이는 미국 내 일자리 47%가 인공지능에 의해 대체될 위험이 있다고 분석한, 2017년 옥스퍼드대-네스타 공동 연구보고서와 궤를 같이한다.[57] 같은 해 매킨지 글로벌연구소도 보고서를 펴내 "2030년까지 전 세계적으로 8억 개의 일자리가 인공지능으로 대체될 것"이라고 전망한 바 있다.

한국도 이런 흐름에서 비켜 서 있지 않다. 오히려 제조업 중심의 국가라는 점에서 로봇과 인공지능에 의한 일자리 타격이 어느 나라보다 클 수 있다. 국책연구원인 한국개발연구원KDI은 2023년 12월 연구보고서를 펴내, 현재의 국내 일자리 10개 가운데 9개는 2030년이면 90% 이상의 업무가 인공지능과 로봇으로 대체 가능하다고 전망했다.[58] 2030년이 되면 현재 일자리의 10%만 사람이 담당하고, 나머지는 인공지능에 의해 대체된다는 얘기다. 연구 책임자는 "국내 취업자가 수행하고 있는 거의 모든 직무가 가까운 미래에 인공지능과 로봇으로 대체 가능한 성격임을 뜻한다"고 설명했다. 한국은행도 비슷한 시기에 펴낸 보고서에서 고소득 전문직일수록 인공지능에 의해 일자리가 대체될 가능성이 높다고 전망했다.[59] 한국은행의 〈AI와 노동시장 변화〉 보고서는 직업별로 인공지능에 얼마나 노출되었는지를 파악해 AI 노출지수를 분석했는데, 대표적 고소득 직업인 일반의사(상위 1% 이내), 전문의사(상위 7%), 회계사(상위 19%), 자산운용가(상위 19%) 등의 노출도가 특히 높았다. 인공지능이 비반복적·인지적 분석 업무를 대체하면서 전문직 일자리에 큰 타격을 줄 것이란 예측이다.

생성 인공지능 이전에 로봇과 자율주행차 등 미래 기술로 일자리가 위협받는다고 지목된 직군은 주로 블루칼라 일자리였다. 육체노동 위주이고 업무 대응 방식이 매뉴얼로 정해져 있는, 단순 반복적인 업무를 주로 하는 직업이었다. 2016년 1월 다보스 세계경제포럼WEF이 핵심 주제로 '제4차 산업혁명'을 제시하고, 그해 3월 전 세계 수억 명의 시청자가 서울에서 열린 이세돌-알파고 대국 중계를 보면서 인공지능의 시대가 닥쳤음을 실감했다. 그즈음 옥스퍼드대-네스타 보고서와 매킨지 글로벌연구소를 비롯해 여러 기관의 미래 직업 전망이 잇따라 발표되었고, 일자리 불안은 더 커졌다. 이후 제4차 산업혁명이 산업과 교육의 화두로 떠올랐고, 대응 방법으로 창의성과 코딩 교육이 강조돼왔다. 인지능력과 창의성을 핵심으로 하는 지적·예술적 분야와 고소득 전문직은 인공지능의 일자리 위협에서 비켜 서 있거나, 영향권에 있더라도 가장 늦게 물결이 도달할 직군으로 여겨졌다.

하지만 2023년 이후 챗GPT 같은 거대 언어모델이 등장하고 AI 에이전트가 보급되면서 상황이 달라졌다. 생성 인공지능은 그동안 사람만이 할 수 있는 창의적 업무라고 여겨온 논리적인 글쓰기, 그림 그리기, 작곡하기, 코딩하기 등에서 웬만한 사람보다 월등한 능력을 입증했다. 하루가 멀다고 보도되는 인공지능 기술 발전과 다양한 AI 에이전트 서비스 경쟁에서 확인되는 것처럼, 로봇과 인공지능의 일자리 위협은 더 이상 예보나 경고가 아니라 실제 상황인 셈이다. 분야와 직종도 구분하지 않는다. 인공지능으로 인한 일자리 위협은 블루칼라와 화이트칼라 직군, 전문직과 비전문직, 반복적 업무와 창의적인 업무를 가리지 않으며, 모든 사람이 당면한 생존의 문제가 됐다.

AI 노출지수가 낮은 직업은 안전할까?

어떻게 대응해야 인공지능으로 인한 일자리 불안에서 벗어날 수 있을까? 현 시점에서 인공지능 대체 위험이 가장 낮다고 판단되는 직군, AI 노출지수가 가장 낮은 직업을 선택하는 것이 현명한 방법일까?

한국은행의 〈AI와 노동시장 변화〉 보고서는 인공지능 노출지수가 낮은 직업군으로, 가수·성악가(상위 99%), 종교인

(상위 98%), 대학교수(상위 98%), 기자(상위 86%) 등을 선정했다. 이들 직업은 대면 접촉, 관계 형성, 창의성, 신체적 활동 등 인간 고유의 역량이 중요하게 요구되는 분야로, 인공지능이 단기간에 대체하기 어려운 특성을 띠고 있다. 이 보고서에는 음식업 관련 단순 종사자나 운송 서비스 종사자도 대체 가능성이 낮다고 제시되어 있는데, 이들의 업무가 고객과의 직접 상호작용이 필요하고 현장 상황에 대한 즉각적 대응과 신체적 숙련도가 요구되기 때문이다.

하지만 AI 노출지수가 낮은 직업을 선택한다고 해서, 인공지능 시대에 일자리를 안전하게 보장받을 수 있거나 유망할 거라는 생각은 오판일 수 있다. 왜냐하면 직업 시장도 수요-공급 곡선에 따르기 때문이다. 특정 직업의 공급이 많아지면 임금 등 시장 가격이 낮아지고, 반대의 경우에는 고임금을 제시해도 구인난을 겪게 된다. 미래에 어떤 직업이 유망하다는 보고서나 예측이 보도되면, 이듬해 해당 분야와 관련된 대학 학과의 지원율이 높아지는 현상이 되풀이된다. 하지만 몇 년 뒤 졸업 이후에 마주하게 될 취업 현실은 애초의 전망과 어긋나는 경우가 비일비재하다.

미래는 알 수 없는 영역이다. 기술 발달과 사회 변화로 인해 사람들의 가치관과 생각이 어떻게 바뀔지, 또한 미래에 특정 직업에 대한 인기와 수요가 어떻게 될지도 알 수 없다. 미래학자들이 아무리 합리적 근거에 기반해 예측하고 전망하더라도, 그 전망에 따라 생각과 행동을 바꾸는 사람들이 예상보다 많거나 적으면 미래상은 그 예상을 빗나간다. 명절 연휴 특정 시간대에 교통 흐름이 원활할 것이라는 예보가 나오면 운전자들이 그 시간대에 몰려 오히려 교통혼잡이 발생하는 것과 비슷하다. 연휴 때 놀이공원에 인파가 몰릴 것으로 예상해 휴가를 내고 평일에 방문했더니, 비슷한 패턴으로 움직인 사람들로 인해 놀이공원이 인산인해를 이루는 상황도 마찬가지다. 그래서 특정 분야의 미래 전망이 밝거나 어두울 것이라고 예견하고 그에 따라 직업을 선택하는 것은 자신의 미래를 점쟁이의 점괘에 맡기는 것과 별반 다르지 않다.

미래에 유망할 것으로 예견된 직업의 수요와 인기가 나중에 달라진 사례는 셀 수 없이 많다. 2016년 알파고 충격 이후 일자리 불안이 확산하면서 글, 그림, 작곡과 같은 예술 분야의 창의적 직무가 인공지능 시대에 안전하고 유망한 일자리로 한동안 주목받았지만 챗GPT가 등장한 이후 사정이 완전히 달라졌다. 콘텐츠를 창작하는 영역에서조차 전문가가 생성 인공지능을 당할 수 없게 됐다. 코딩에 대한 관심과 교육 열풍이 만난 현실도 또 하나의 생생한 사례다. 알파고 충격 이후 4차 산업혁명에 대비해 미래 세대를 준비하고 역량을 키워야 한다며 국가적 차원에서 코딩 교육이 강조됐고, 2025년부터는 초·중학교 코딩 교육이 의무화됐다. 하지만 이 아이들이 성인이 됐을 때 지금 받은 코딩 교육은 과연 쓸모가 있을까?

2000년부터 경제협력개발기구OECD 국가 청소년들을 대상으로 3년마다 치러지는 학력평가 테스트인 피사PISA를 직접 제안하고 이후 평가를 주관해온 OECD의 안드레아스 슐라이허 교육국장은 일찌감치 코딩 교육을 비판해온 교육정책 전문가다. 슐라이허 국장은 세계적으로 코딩 교육 열풍이 일던 2019년 2월 파리 세계교육혁신회의 강연에서 "코딩 교육은 시간낭비"라며 "지금 세 살 먹은 아이에게 코딩을 가르치고 있는데 그 아이들이 대학을 졸업할 때쯤이면 코딩이 무엇인지 기억도 못 하게 될 것이며, 코딩 기술은 아주 빠른 시간 안에 쓸모없어질 것"이라고 말한 바 있다.[60]

슐라이허 국장의 예측처럼 인공지능 기술이 발달하면서 코딩은 빠르게 인공지능에 의해 대체되고 있다. 2021년 오픈AI가 개발한 '코파일럿'이 마이크로소프트의 깃허브에서 유료로 서비스되기 시작한 것을 비롯해, 아마존의 '코드 위스퍼러', 코드 생성 및 설명 기능을 추가한 구글의 '바드', 리플릿의 '고스트 라이터' 등 거대 언어모델 기반의 코딩 보조프로그램이 속속 등장했다. 2025년 들어서는 코드를 직접 작성하는 대신 자연어를 통해 생성 인공지능이 코드를 생성하게 하는 '바이브 코딩Vibe Coding' 서비스가 등장했다. 코딩을 전혀 모르는 사람도 말로 코딩을 할 수 있게 돼 '입 코딩'이라고도 불린다. 프로그래밍 언어와 코딩에 익숙지 않은 사람도 인공지능 코딩 보조프로그램에 단순히 텍스트를 입력하고 말하는 것만으로도 손쉽게 코딩할 수 있는 현실이다.

유발 하라리
"20년 뒤 어떤 기술이 유용할지 아무도 모른다"

코파일럿을 사용한 개발자들은 코드 작성, 디버깅(프로그램이 이상하게 행동하는 이유를 찾아내고, 그 원인을 고치는 직업) 등에서 두 배 이상 빠른 작업 속도를 경험하고 있으며, 반복적 작업의 경우에는 80%까지 더 빠르게 처리할 수 있게 됐다고 말한다.[61] 코파일럿은 최고의 기술기업에서도 공개적으로 사용되고 있다. 순다 피차이 구글 최고경영자는 2024년 실적 발표에서 회사가 개발한 신규 코드의 25% 이상이 인공지능에 의해 생성된 것으로, 엔지니어의 검토를 거쳐 승인됐다고 공개했다.[62] 마크 저커버그 메타 최고경영자도 "2025년에는 인공지능이 개발의 절반을 수행할 것이며 이 비중은 앞으로 더 증가할 것"이라고 말했다. 빌 게이츠, 샘 올트먼 오픈AI CEO, 젠슨 황 엔비디아 CEO 등 정보기술업계의 거물들도 코딩의 상당 부분이 인공지능에 의해 자동 작성되고 있는 현실이라고 말했다.

한동안 코딩 기술은 디지털 시대 구직의 지름길로 통했다. 미국에서는 대학을 졸업하지 않은 사람들도 '코드카데미Codecademy' 등 코딩 교육 프로그램을 통해 코딩 기술을 익히면 고소득 직업을 얻을 수 있었고, 이에 버락 오바마 대통령은 고용 증대 정책의 하나로 코딩 교육을 확대했다. 그런데 생성 인공지능이 등장한 이후 사정이 완전히 달라졌다. 2024년이 되자 코드카데미 설립자는 코딩 교육 이수자들의 취업 전 망에 대해 "암울하다"고 털어놨으며, 아마존·구글 등 최고의 정보기술 기업에서 소프트웨어 개발자 등 수만 명이 무더기 로 해고되기에 이르렀다.[63]

2022년 말 공개된 챗GPT가 선풍적 인기를 끌게 되자, 대 화형 인공지능에 요령 있는 질문을 던져 유용한 답변을 유도 하는 '프롬프트 엔지니어'가 몸값 높은 신종 유망직업으로 떠 올랐다. 그러나 곧 퍼플렉시티, 구글 제미나이, 마이크로소프 트 빙, 딥시크 등 인공지능 검색 서비스가 제공되면서 빠르게 인기가 시들었다.[64] 초고속 인터넷 대중화 시기인 2000년 전 후로 인터넷 정보검색사가 미래 유망직업으로 부상하고 정 보검색사 자격증 취득 열기가 높았던 상황이 재연되는 풍경 이다. 자연어 검색, 모바일 검색 등 검색 기술이 빠르게 발달 함에 따라 정보검색사 자격증은 빠르게 무가치한 자격증이 됐다.

유발 하라리는 2024년《넥서스》출간 뒤 국내 언론과 기 자간담회를 가졌는데, 나는 그 자리에서 미래 유망 직업과 미래 세대의 교육 방향에 대해 질문했다. 하라리는 "20년 뒤 의 직업 시장이 어떨지, 어떤 기술이 유용할지 말할 수 있는 사람은 아무도 없다"며 "어떤 기술을 가르칠지 좁게 정의하 면 모든 게 물거품이 될 수 있다"고 답변했다.[65] 그는 "인공지 능이 사회를 점점 더 빨리 바꾸고 새로운 직업과 기술이 등 장하는 상황에서는 평생에 걸쳐 새롭게 배우고 바꾸는 일을 반복하게 된다. 계속 새로 배우고 끊임없이 변해갈 수 있는 능력을 손에 쥐여줘야 한다"며 이를 위해서는 무엇보다 '정신적 유연성'이 필요하다고 말했다. 미래 유망 직업은 누구도 알 수 없는 만큼, 끊임없는 변화에 대응하기 위해 평생에 걸쳐 쉼 없이 학습해야 하는데, 그럴 수 있는 토양과 에너지가 '정신적 유연성'이다.

유발 하라리의 말처럼 미래에 안전하고 유망해 보이는 직업을 선택하는 것보다 중요한 것은 새로운 변화를 학습하는 태도다. 이런 태도가 훨씬 중요하다는 것은 현실에서 구체적 사례로 확인되고 있다. 앞서 살펴본 인공지능 시대 영상의학 전문의들의 경우가 본보기다. 5년 뒤면 인공지능의 영상 진단 능력이 영상의학 전문의의 실력을 능가할 것이라는 제프리 힌턴 토론토대 교수의 예측이 빗나간 게 아니다. 인공지능 기술이 발달했지만, 이를 다루는 의사들 또한 5년 전 상태에 머물러 있지 않았다. 의사들은 인공지능이 가져오는 변화를 보면서 신기술을 영상의학에 접목해 활용하는 방법을 열심히 학습했고, 그 결과로 새로운 진료방식을 도입했다. 컨설팅 업계도 AI 시대에 위기를 맞고 있다. 데이터 분석과 정보 가공, 보고서 작성과 프레젠테이션 등의 컨설턴트가 하던 업무들을 인공지능이 몇 초 만에 해낼 수 있게 된 까닭이다. 세계적인 경영컨설팅 기업 매킨지컨설팅은 그 타개책으로 오히려 AI 기술을 적극 수용해 직원들의 업무를 변화시켰다. 수천 개의 AI 에이전트를 배포해, 컨설턴트들의 각종 문서 작업, 인터뷰와 리서치 요약 등 다양한 작업을 수행하도록 했다. 컨설턴트마다 하나의 AI 에이전트를 배치할 예정이다. 반복적이고 표준적인 일은 AI 에이전트가 맡고, 인간 컨설턴트는 현장 문제 해결, 고객 조직 변화 관리, 전략적 의사결정, 팀워크 형성 등 더 복잡하고 부가가치가 큰 영역에 집중하고 있다.[66] 사람은 어떤 상황이나 변화를 만나게 되면 그에 대한 태도를 결정할 수 있는 존재다. 특정한 상황이 사람의 반응 여부에 따라 달라질 수 있다면, 그러한 변수가 반영된 미래의 모습을 정확하게 예측하기란 거의 불가능하다.

개발자들이 AI 코딩 보조도구를 바라보는 상반된 시각

인공지능 코딩 보조프로그램으로 인해 일자리 불안에 직면한 소프트웨어 개발계에도 유사한 상황이 펼쳐졌다. 오픈 AI의 깃허브 코파일럿, 아마존의 코드 위스퍼러 등의 AI 코딩 도구를 사용해본 소프트웨어 개발자들은 상반된 반응을 보이는 두 집단으로 갈라졌다. 인공지능 코딩 보조도구가 등장함으로써, 개발자로서의 미래가 암울하다고 보는 프로그래머들과 오히려 덕분에 개발자로서의 미래가 밝아졌다고 보는 프로그래머들이다.

상당수 개발자가 월 10달러에 사용할 수 있는 코파일럿을 써본 뒤, 개발자의 미래에 대한 불안과 회의를 감추지 않았다. "앞으로 개발자로서 얼마나 직업을 유지할 수 있을지 걱정된다"며 전직을 고민해야 할 것 같다고 말한 이들이 많았다. 코딩을 제대로 모르는 사람들도 인공지능 보조도구를 활용하면 손쉽게 프로그래밍할 수 있게 되었으니, 프로그래머라는 직업의 진입장벽 구실을 하던 문턱이 사라진 셈이다. 또한 자신은 개발자가 되려고 오랜 시간을 들여 어렵게 몇 개의 프로그래밍 언어를 익혔는데, 쉼 없이 새로운 개발 언어가 생겨나고 있고 인공지능이 그 개발 언어를 배우고 활용하는 속도를 사람은 도저히 따라갈 수 없는 현실 앞에서 무력해진다는 반응도 나타난다. 상당수 개발자들이 프로그래머의 미래를 암울하다고 말하는 배경이다. 실제로 세계적으로 2021년~2022년 사이에 소프트웨어 개발자 채용 수요가 폭증했는데, 인공지능 코딩 도구가 등장한 이후 주요국에서 개발자 수요가 급감하고 있다. 2025년 초 미국의 소프트웨어 개발자 모집은 2020년 대비 35% 감소하며 최근 5년간 최저치를 기록했다.[67] 인공지능 열풍이 불면서 빅테크 기업에서는 개발 인력에 대한 신규 충원이 줄어들었을 뿐 아니라, 기존 인력의 대규모 해고가 계속되는 추세다.[68] 국내도 이런 흐름과 별반 다르지 않아, 네이버와 카카오는 2023년 개발자 신규 채용 인원을 1, 2년 전에 비해 각각 절반 이하로 감축했다.[69]

그런가 하면 인공지능 코딩프로그램이 등장한 이후 크게 달라진 소프트웨어 개발 환경을 실감하고 있는 일부 개발자들은 정반대로 반응하고 있다. 코파일럿을 써본 일부 개발자들은 인공지능이 코드를 즉시 자동 추천해주는 기능에 놀라면서도, 이 기술이 자신의 일자리를 위협할 것이라는 불안과 걱정에 빠지지 않았다. 이들은 지금까지 여러 사람이 오랜 기간 작업해야 했던 개발 프로젝트에 코파일럿을 활용했더니 시간과 인력을 크게 절감할 수 있게 됐다며, 이 생산성 향상 도구를 크게 환영했다. 이들은 코파일럿 같은 AI 도구를 개발자를 대체하는 위협적 존재가 아닌, 오히려 개발자를 더욱 강력하게 만들어주는 도우미로서 받아들였다. 특히 말로 하는 '바이브 코딩'은 오히려 코딩 패턴을 많이 알고 전체 구조를 잘 파악하고 있는 시니어 개발자에게 환영받았다. 이 코딩 도구는 젊은 사람처럼 손이 빠르지 않아도 이용할 수 있기 때문에 나이 든 개발자의 수명을 오히려 늘려줄 기술로 각광받고 있다.

이런 개발 보조도구를 쓰면 그동안 넉 달이 걸리던 개발 기간을 절반으로 단축할 수 있고, 네 명이 투입되던 작업을 두 명으로 완료할 수 있다. 밤샘 근무와 '월화수목금금금'에 시달리던 개발자들에게 '워라밸'을 꿈꿀 수 있게 해주는 도구다. 일부 개발자들은 코파일럿 덕분에 그동안 엄두를 못 내던 프로젝트나 과업을 시도할 수 있게 되었다며, 자신의 목표를 실현해줄 도구로 받아들이고 있다. 그들은 코파일럿 같은 인공지능 도구를 활용해 그동안 꿈꾸어온 창업에 도전하거나, 과거엔 자원과 역량의 부족으로 보류했던 대규모 프로젝트에 뛰어들 기회가 열렸다며 반가워한다.

코파일럿이라는 AI 도구를 바라보는 개발자들의 서로 다른 태도는 낙관주의자와 비관주의자가 컵에 반쯤 담긴 물을 보면서 각각 상반된 평가를 내린다는 얘기를 떠올리게 한다. 하지만 여기엔 중대한 차이가 있다. '소프트웨어 개발 환경에 등장한 인공지능을 직업 안정성과 미래를 위협하는 불청객으로 볼 것인가, 아니면 직무 수행을 돕고 원대한 목표를 가능하게 해주는 고마운 도우미로 여길 것인가?' 이러한 개발자 집단의 상반된 시각은 비단 관점의 차이에 머무르지 않는다는 것이 핵심이다. 인공지능이라는 새로운 도구를 대하는 개발자들의 태도와 깊은 관련이 있기 때문이다. 두 집단의 상반된 시각은 이후에 서로 다른 방향의 행동으로 이어질 것이기 때문이다.

코파일럿, 바이브 코딩 같은 신기술이 결국 개발자의 지위와 영역을 위축시켜 직무 안정성을 해칠 것이라는 생각을 지닌다면 개발자로서 관련한 최신 기술을 습득하고 활용하는 일에 적극적으로 나서긴 어렵다. 이와 달리, 새로운 기술을 자신의 직무와 목표 실현을 도와줄 수단으로 받아들이는 개발자라면, 최신 AI 보조도구의 기능을 학습하고 활용하는 데 앞장서게 된다. 이런 반응 차이에 따라 코파일럿을 접한 개발자 세계는 분화가 일어난다. 신기술 수용에 소극적이거나 수동적인 개발자들이 한 축을 이루고, 다른 한 축에는 최신 기술 학습과 활용에 적극적인 개발자들이 위치한다. 지금까지 개발자로서 쌓아온 역량이나 성과와 무관하게 인공지능 도구와 같은 새로운 변화를 받아들이는 태도에 따라서, 두 집단의 향후 역량과 성취는 상당한 격차로 벌어질 수 있다. AI 코딩 보조프로그램의 확산 이후 개발자 세계에는 이러한 채용 추세 변화가 뚜렷해지고 있다. 2022년 말 이후 국내의 개발자 채용 규모가 크게 줄어든 대신 소수의 고급 개발자에 대한 선호가 뚜렷해지고 있다. 초급 개발자 다섯 명을 채용하는 것보다 고급 개발자 한 명을 채용해 그 숙련된 개발자의 AI 도구 활용 능력을 십분 이용하는 편이 낫다는 게 업계의 한결같은 목소리다.[70]

디지털, 인공지능 세상을 만난 만화가

예술가들이 신기술을 받아들이는 방식도 코딩의 세계와 다르지 않다. 처음 사진 기술이 개발됐을 때 초상화, 풍경화 위주로 작품을 그려온 화가들에게는 미래를 암울하게 만드는 마른하늘에 날벼락 같은 충격이었을 것이다. 하지만 사진 기술 덕분에 더 이상 사실을 정밀하게 재현하는 그림을 추구할 의무에서 벗어나게 되었고, 일부 화가들은 더 깊은 예술적 추구를 하고 자신만의 화풍을 구축하는 데 전념하게 됐다. 화가들은 색채와 형태만이 아니라 비구상 등 다양한 예술적 실험에 나서게 되었고, 이는 인상주의, 표현주의, 추상

주의, 입체주의, 다다이즘, 초현실주의 등 현대 미술의 다양
한 사조 출현으로 이어졌다. 사진 기술을 좀더 적극적으로
받아들인 사람들은 사진 예술을 개척했고, 나아가 20세기의
대표적인 대중예술이자 거대한 문화산업이 된 영화를 개발
하고 발전시켜 오늘날 영상의 시대를 만들어냈다.

국내 만화가들이 디지털과 인터넷 등 신기술을 만나고 적
응한 사례는 더 극적이다. 2000년 이전까지 국내에서 만화
읽기는 대본소에서 만화책을 빌려 보는 방식이었다. 1990년
대 중반 전국에 만화방은 1만 개가 넘었고, 만화방은 만화
유통과 소비의 중심이었다. 그런데 1990년 말 삼중 파도가
만화계에 닥쳤다. 1990년대 후반, 일본 만화(망가)가 공식 수
입되면서 국내 만화시장은 큰 타격을 입었다. 완성도, 다양
성, 대중성 높은 일본 만화와 경쟁하기엔 국내 만화계의 체
력이 빈약했다. 만화 출판사들도 일본 만화 판권 수입에 집
중하고 국내 작가들에 대한 투자를 줄였다.

한편, 1997년에는 청소년보호법이 시행되며 정부의 만화
규제와 검열 강화로 창작과 표현 자유가 위축됐다. 당시 검
찰은 인기 만화가 이현세의 《천국의 신화》가 청소년음란물
에 해당한다며 이 작가를 기소해 그는 1998년 약식재판에서
300만 원 벌금형에 처해졌다.[71] 이후 성인 만화 잡지 폐간,
만화 판매 중단, 작가 기소 등으로 창작의 자유가 제한되며
만화 생태계가 위축되었고, 만화가들에겐 사회적 낙인이 덧
씌워졌다.

1990년대 말이 되자 피시방과 인터넷 보급이 확산했고, 온라인에서 만화를 무단복제하고 무료로 보는 문화가 생겨났다. 많은 만화 출판사들이 도산했고, 대본소 시장에 의존했던 만화책 유통망도 무너져내리며 만화산업 생태계가 송두리째 위기에 처했다.

한편, 이 시기에 등장하기 시작한 다양한 디지털 기술과 온라인 환경을 적극적으로 받아들인 만화가들은 종이 만화의 정형성을 넘어 온라인 만화라는 새로운 세계를 개척하고 다양한 실험에 나섰다. 일부 만화가들은 자신의 웹사이트나 포털 게시판에 만화를 올리기 시작했으며, 만화의 디지털화가 본격적으로 시작됐다. 온라인 만화 서비스는 초창기에는 출판된 종이 만화를 스캔해 인터넷에 올리는 방식이었지만, 얼마 지나지 않아 인터넷을 위한 새로운 형태의 만화가 시도되었다. 웹툰의 출발점이었다.

만화가들은 종이에 손으로 그림을 그리는 방식에 익숙해 있었지만, 컴퓨터, 태블릿, 그래픽 소프트웨어 등 디지털 도구를 이용한 작업 방법을 새롭게 학습했다. 웹툰의 장점은 뚜렷했다. 수정·채색이 쉽고 제작 시간도 줄었으며, 원고의 보존성도 높아지고 복제와 전송의 제한도 사라졌다. 2000년대 초반 다음과 네이버가 웹툰 서비스에 나서면서 포털 플랫폼을 중심으로 한 웹툰 생태계가 본격적으로 활성화되었다. 스마트폰에 최적화된 세로 스크롤과 전면 컬러, 연재, 신인작가 공모전, 수익 배분 시스템이 도입되었다. 지면의 제약이 없는 구성 방식으로 24시간 서비스되며 손쉬운 공유, 댓글, 평점 등이 적용됐다. 모바일의 킬러콘텐츠가 되며 이용독자층과 작가층이 폭발적으로 확대됐다. 강풀의 〈순정만화〉 같은 작품은 웹툰 이용독자층을 넓히며 시장을 키웠다.

대본소 시절에 비해 훨씬 투명하고 높은 수익 배분구조가 도입된 포털의 웹툰 플랫폼에서 참신하고 다양한 작품들이 쏟아졌고 스타급 웹툰 작가들이 대거 탄생했다. 이름난 웹툰 작가는 높은 인기와 수익을 거두는 대중예술가로 자리매김하고, 청소년들이 선망하는 직업이 됐다. 수많은 작가와 지망생이 몰려들어 다양한 작품으로 경쟁하면서 웹툰의 인기와 영역은 갈수록 확대되어갔다. 〈미생〉, 〈신과 함께〉, 〈지금 우리 학교는〉, 〈이태원 클라쓰〉, 〈신의 탑〉 등 웹툰을 원작으로 한 TV 드라마, 영화, 넷플릭스 시리즈, 게임 등 다양한 2차 저작물이 성공을 거두는 사례도 늘고 있다. 국내에서의 인기 몰이를 기반으로 네이버·다음 등은 웹툰 플랫폼으로 세계 시장 진출에 나서, 네이버 계열사 웹툰 엔터테인먼트가 2024년 미국 나스닥에 상장되는 등 글로벌 웹툰 시장을 이끌고 있다.[72] 오늘날 한국 웹툰은 모바일 환경에서 새로 만들어진 글로벌 웹툰 생태계에서 최대 수혜자이자 리더로서, K문화 열풍의 주요한 역할을 맡고 있다. 1990년대 말 위기에 처했던 한국 만화가들의 상황과 글로벌 웹툰 시장에서 각광받고 있는 K웹툰의 성공과 인기를 비교하면 그야말로 격세지감이다. 하지만 우리 만화가들은 변화된 환경에서 기술을 학습하고 다양한 시도를 통해 새로운 모델을 개척하면서 오늘날 'K웹툰'이라는 전화위복을 만들어냈다.

말로 이야기만 하면 스토리를 구성하고 그림을 그리는 생성 인공지능 기술도 앞으로 작가가 어떻게 활용하느냐에 따라 다양한 결과를 만들어낼 수 있다. 이현세 만화가는 2022년 말부터 'AI 이현세' 프로젝트를 시작했다. 《공포의 외인구단》,《천국의 신화》,《카론의 새벽》 등 이현세 작가가 40여 년간 그려온 4,174권 분량의 만화 데이터를 인공지능에 학습시키는 프로젝트다. 이 학습 데이터를 통해 이현세 작가가 사망한 뒤에도 그가 창조한 만화 캐릭터들이 살아남아, 생성 인공지능이 만들어내는 만화에서 주인공 역할을 맡아 이야기를 풀어가게 하려는 목적이다.[73] 이현세 작가는 이 프로젝트를 통해 인공지능이 이현세 특유의 화풍, 세계관, 캐릭터를 학습해 최신 웹툰 스타일로 재해석하거나, 전혀 새로운 작품 또는 오마주 등 다양한 결과물을 만들어내기를 꿈꾸고 있다. 생성 인공지능을 작가의 영역을 침해하고 위협하는 기술로 여기는 시각도 있지만, 이현세처럼 작가의 사후에도 캐릭터가 살아 활동하게 해주는 기술로 받아들이며 새로운 활용 방안을 찾을 수도 있다.

인공지능을 활용하는 사람이
그렇지 않은 사람을 대체한다

'인공지능은 사람의 일자리를 대체하는가'라는 질문에 대한 답변은 '그렇다'와 '그렇지 않다' 모두 맞는 답이다. 산업 기술은 그 기술을 제대로 다루지 못하는 사람들을 일자리에서 밀어낸다. 그러니 산업 현장에 도입된 인공지능이 사람들의 일자리를 대체하는 게 맞다. 그런데 앞서 영상의학 전문의나 소프트웨어 개발자의 사례에서 확인할 수 있듯, 인공지능과 같은 신기술이 특정 직업 종사자 전체를 대체하거나 실직하게 만들지는 않는다. 오히려 대응 방식에 따라 종사자 간 격차가 커진다. 기술과 시장 변화에 따라서 어떻게 대응했느냐에 따라, 동일한 직업군 안에서 누군가의 일자리는 인공지능에 의해 대체되지만 어떤 일자리는 오히려 인공지능을 활용함으로써 그 혜택을 받는 결과로 나타난다.

딥러닝 연구를 개척하고 구글 브레인을 설립하는 등 인공지능의 4대 석학으로 불리는 앤드루 응 스탠퍼드대 교수 역시 "인공지능은 사람 일자리를 대체하는 게 아니라 사람 역량을 강화하는 도구"라고 주장한다.[74] 인공지능은 사람의 직업 전체가 아니라 일부 직무들을 대체하기 때문에, 사람들이 기존 직무는 인공지능에 위임하고 다른 직무를 개척하고 수행하면 업무 능력이 오히려 증강되고 일자리 유지에 문제가 없다는 얘기다. 그는 "인공지능이 사람을 대체하는 것이 아니라, 인공지능을 활용하는 '사람'이 그렇지 않은 '사람'을 대체하게 될 것"이라고 경고한다.

새로운 기술이나 도구를 사용하지 않으면, 이용 자체가 불가능한 서비스나 활동이 점점 늘어나고 있다. 택시 앱, 코레일 앱, 콘서트 예약 앱을 사용하지 않는 사람에게 택시, 열차, 공연 이용은 점점 접근이 어려워지고 있다. 휴대전화기나 스마트폰이 보급되던 초기만 해도 모든 사람이 이 기기를 사용하게 될 것이라고는 전문가는 물론이고, 통신사와 단말기 업체도 예상하지 못했다. 하지만 얼마 안 지나 대부분의 사람들이 스마트폰을 휴대하고, 앱을 통해 숱한 일들을 처리하게 되었다. 마찬가지로 인공지능도 머지않아 모두의 보편적 도구가 될 전망이다. 그러나 인공지능이 널리 쓰인다고 해서 사람들의 일자리 대부분이 대체되는 것은 아니다. 이 문제는 연구기관들의 분석과 예상처럼 특정한 방향으로 나타나기 어렵다. 여기엔 몇 가지 이유가 있다.

첫째, 우리가 직업에서 수행하는 직무들은 인공지능이 대체하기에는 복잡하고 미묘한 일들로 구성되어 있기 때문이다. 인공지능은 그중 일부 직무를 매우 빠르고 정확하게 효율적으로 처리할 수 있을 따름이다. 인공지능 시대에도 '폴라니의 역설'은 여전히 유효하다. '폴라니의 역설'은 사람은 자신이 말로 설명할 수 있는 것보다 훨씬 많은 것을 알고 있다는 의미다. 헝가리 출신 철학자이자 과학자인 마이클 폴라니가 1966년 저서 《암묵지》에서 "할 줄은 알지만 말로 설명

할 수 없는 지식과 능력"을 인간 인지의 특징이라고 말한 데
서 유래한 말이다. 사람이 지닌 능력과 지식 대부분이 말로
설명할 수 없는 암묵지이고, 이는 언어와 논리 코드 형태로
변환하기 힘들기 때문에 기계가 모방하고 대체하기 힘들다
는 주장이다. 이는 인공지능으로 자동화가 이루어진 사업장
에서도 원활한 운영을 위해 여전히 사람들을 고용하고 있다
는 현실이 잘 보여준다. 마트 계산대 직원은 단순히 상품을
계산하고 결제만 처리하는 게 아니다. 매뉴얼에는 없지만 매
장에서 일어나는 예상치 못한 사건들과 고객의 다양한 문의
도 매끄럽게 처리한다. 많은 매장이나 공장은 자동화 기술과
인공지능을 이용해 직원을 줄일 수 있지만, 사람이 전혀 없
으면 제대로 운영되지 않는 현장이 대부분이다. 미국 항공우
주국NASA은 한 보고서에서 왜 우주선에 인간 비행사를 태우
기 위해서 복잡한 기계장치와 안전 설계를 해야 하는지에 대
한 의문에 답했다. "사람은 다양한 과제를 처리할 수 있는 가
장 저렴한 범용 컴퓨터 시스템이며 심지어 무게가 70kg 정
도로 매우 가볍기 때문이다"라는 게 NASA의 답변이었다.[75]
사람은 암묵지를 지닌 덕분에 예기치 못한 상황에서도 기계
와는 다른 유연성과 창의적 방법으로 문제를 해결할 수 있
고, 이런 능력은 인공지능 시대가 되어도 여전히 중요할 것
이다.

둘째, 대부분의 일터에서 일자리 경쟁은 기계와 사람 사
이의 대결이 아니다. 사람과 사람 간의 경쟁 형태로 진행된

다. 앤드루 응 교수의 말처럼, 인공지능이 사람 일자리를 대체하는 게 아니라 인공지능을 다룰 줄 아는 직원에 의해 그렇지 못한 직원이 밀려나는 형태다. 인공지능은 전기나 컴퓨터처럼 일상생활과 산업 거의 모든 현장으로 확산하고 있다. 100여 년 전엔 글자를 몰라도 일할 수 있었고, 30여 년 전엔 컴퓨터를 다룰 줄 모르는 사람도 직업을 유지하는 데 문제가 없었다. 하지만 시대가 바뀌면서 상황이 달라졌다. 오늘날 문맹과 컴맹은 취업도 어렵다. 하지만 누구도 글과 컴퓨터에 일자리를 빼앗긴 것이라고 말하지는 않는다. 업무에 필수적인 도구를 다루지 못하는 사람에게 일자리 기회는 제공되기 어렵다. 임금과 안정성이 높던 전문직 세계도 비슷하다. 앞으로 의료계는 두 종류의 의사로 나뉠 것이라는 전망이 있다. 의료 로봇이 발달함에 따라 로봇과 함께 일하는 의사와 로봇 없이 과거 방식으로 유한한 지식과 경험에만 의존해서 진료하는 의사로 구분될 것이라는 얘기다.

거의 모든 일터에서 경쟁은 사람 간의 경쟁으로 나타난다. 남보다 먼저 상황 변화를 파악한 사람, 그에 따라 행동을 바꾸는 사람은 그렇지 않은 사람에 비해 더 많은 선택권과 기회를 얻게 된다. 누구도 예상하지 못한 상태에서 불가항력적으로 닥친 코로나19 대유행은 2~3년 동안 모든 사람의 일상생활과 경제활동에 막대한 영향을 끼친 재난적 상황이었다. 대부분 큰 희생과 불편을 피할 수 없었지만, 코로나19 셧다운 상황 속에서도 사태를 객관적으로 판단하고 현명하게 대응한 사람들은 새로운 기회를 발견하거나 활용했다.

내가 사는 동네 먹자골목에 들어선 식당들도 코로나19를 거치며 명암이 갈렸다. 식당 방문이 크게 줄어들고 비대면 배달 주문이 늘어나는 상황 속에서 종전대로 방문 손님과 주문 전화만을 기다려 서비스하는 식당은 큰 어려움을 겪다가 문을 닫은 곳이 많았다. 반면, 배달 주문이 늘어나는 상황에 적극적으로 대응하기 위해 음식 사진을 새로 찍어 메뉴를 배달용으로 재구성하고, 쿠폰과 리뷰 관리에 신경 쓰며 소셜미디어와 배달 플랫폼을 적극 활용한 식당은 오히려 코로나19를 계기로 급성장하며 큰 이익을 봤다.

디지털 사진의 등장으로 필름 업체들의 운명도 갈렸다. 코닥필름은 필름 시장 1위와 디지털카메라 최초 개발 등 관련 기술 보유라는 지위에 안주하며 변화를 무시하고 소극적으로 대응하다가 결국 파산했다. 필름 시장이 사라지는 동일한 상황 속에서 후지필름은 변화를 인정하고 대대적으로 사업 모델을 바꿨다. 후지필름은 필름 제조 과정에서 축적한 '콜라겐(화학) 기술'과 '항산화 기술'을 바탕으로 화장품, 헬스케어, 의약품 산업에 진출해, 새로운 수익원을 만들고 변신에 성공했다. 스마트폰과 디지털 카메라의 대중화로 많은 사진관들이 문을 닫았지만, 사진의 디지털 전환을 읽어내고 이를 활용한 사람들도 새로운 사업기회를 맞았다. 온라인 사진 인화 서비스를 비롯해 포토북 제작, 셀프스튜디오 인생네컷, 아날로그 사진의 디지털화 등이 그 사례다.

어떻게 대처해야 할까

우리 생활과 일자리는 인공지능, 로봇, 자동화 같은 신기술에 큰 영향을 받지만, 기계와 사람이 직접 대결하는 경우는 거의 없다. 하지만 SF 영화나 소설에서는 초지능Super AI으로 진화한 인공지능이 인간을 통제하거나 파멸시키려 한다는 시나리오가 자주 등장한다. 〈2001: 스페이스 오디세이〉, 〈터미네이터〉 등에 등장하는 강력한 인공지능은 자신의 생존에 걸림돌이 되는 사람들을 제거하려 나서고, 인류는 할HAL이나 스카이넷 같은 사악한 인공지능에 맞서 싸운다.

옥스퍼드대 철학 교수 닉 보스트롬은 2014년 저서 《슈퍼인텔리전스》에서 '종이클립 사고실험'을 통해 인공지능 윤리 문제를 제기했다. 보스트롬은 강력해진 인공지능이 "종이클립을 더 많이 만들라"는 인간의 명령을 수행하기 위해 우주 공간에 있는 모든 원소를 총동원하고 나아가 종이클립 생산에 장애가 되는 인간마저 없애버릴 가능성이 있다며, 초지능이 결국엔 인류의 생존을 위협하는 상황에 이를 수 있다는 주장을 펼쳤다.[76] 이후 인공지능 연구에 관한 윤리 논쟁이 확산되고, 인류 전체의 지능보다 뛰어난 초지능이 도래할 것인지를 놓고 논란이 일었다. 미래학자이자 발명가인 레이 커즈와일은 지능폭발을 통해 2045년이면 초지능이 등장할 것이라고 주장하는 대표적 인물이다. 과학소설 작가 아이작 아시모프는 일찌감치 발달한 인공지능 로봇이 사람을 위협할 수

있는 상황을 우려하며 이를 방지하기 위한 '로봇 3원칙'을
만들어, 인공지능과 로봇이 지켜야 할 윤리적 기준을 제시한
바 있다.

　인공지능 윤리에 관한 대중적 관심이 높아진 계기는 2016년
알파고와 2022년 챗GPT를 통해 인공지능 기술의 현주소를
사람들이 직접 목격하게 되면서부터다. 본격적인 논의가 시
작된 계기는 오픈AI가 2023년 3월 챗GPT에 사용된 인공
지능을 GPT-3.5 버전에서 GPT-4로 업그레이드하면서 '멀
티모달multimodal' 기능을 선보였을 때다. 멀티모달 기능은 사
람이 다양한 감각(시각, 청각, 언어 등)을 통해 통합적으로 정보
를 인지하고 반응하는 것처럼, 인공지능이 다양한 형태Multi-
Modal의 데이터를 동시에 처리하고 이해하는 능력을 의미한
다. 인공지능이 인간의 인지 능력와 유사한 멀티모달 기능을
구현함에 따라, 인공지능 윤리 논쟁은 세계적 명사들과 최고
의 인공지능 전문가들이 참여하는 형태로 확대됐다. 미국 비
영리 단체인 '생명의 미래 연구소Future of Life Institute'는 2023년
3월 전 세계 인공지능 연구소를 대상으로 "최소 6개월 동안
GPT-4보다 강력한 인공지능 개발을 일시 중지하라"는 공
개서한을 발표했다. 그 기간에 인공지능이 인류를 해치지 않
게 만드는 안전장치와 윤리 지침을 공동으로 만들자는 제안
이었다. 딥러닝의 아버지로 불리는 인공지능의 세계적 석학
제프리 힌턴 토론토대 교수는 2023년 5월, 인공지능 때문에
킬러 로봇이 탄생할 수 있다며 인공지능의 위험성을 경고했

다. 힌턴은 인공지능이 초래할 위험성에 경종을 울리기 위해 자신이 10년간 부사장으로 일해온 구글을 퇴사했을 정도다. 빌 게이츠, 유발 하라리, 스티브 워즈니악, 일론 머스크, 샘 올트먼, 데미스 허사비스, 요수아 벤지오, 맥스 테그마크, 스튜어트 러셀 등 숱한 명사와 인공지능 전문가들이 인공지능의 위험성을 경고하며 안전 대책의 수립을 요청했다.

하지만 이러한 세계적 움직임과 광범한 요청에도 불구하고, 인공지능 개발을 중단하거나 구속력 있는 국제 규약을 마련하려는 움직임은 이뤄지지 않았다. 왜냐하면 미국과 중국 등 AI 패권을 경쟁하는 국가들은 자국의 이해를 최우선 기준으로 삼았고, 구글, 오픈AI, 페이스북, 바이두 등 인공지능 기업들도 자사의 이익에 따라 제각각 움직였기 때문이다. 인공지능이 인류 생존을 구체적으로 위협하는 상황이 코앞으로 닥치지 않는 한, 경쟁하는 국가나 기업들이 서로 일치단결해 한 몸처럼 대응한다는 것은 거의 불가능하다. 2023년 12월 '킬러 로봇'으로 불리는 AI 기반의 치명적 자율살상무기Lethal Autonomous Weapon Systems를 금지하는 유엔 총회 결의안이 통과됐다. 하지만 러시아, 인도, 중국, 이스라엘 등 일부 국가는 반대 또는 기권 의견을 내며 반발했다.[7] AI 자율살상무기에 대한 국제적인 비난 여론이 높지만, 러시아-우크라이나 전쟁, 팔레스타인-이스라엘 전쟁 같은 실제 전장에서는 이런 비윤리적인 AI 무기가 공공연히 사용되는 것이 현실이다.

인류 생존을 위협하는 초지능이 등장한다고 해서, 인공지능의 공격에 공동 대응하기 위해 팔레스타인과 이스라엘이 또는 남한과 북한이 손을 잡고 협력하는 일은 기대하기 어렵다. 만약 스카이넷 같은 초지능이 인류를 공격하는 상황이 발생하고 인류가 공동 대응에 나선다고 가정해보자. 이를 위해서는 먼저 모두가 직시하고 인정해야 할 현실이 있다. 경쟁·적대 관계에 있는 집단과 개인이 공동의 적 앞에서 기존의 적대 관계를 버리고 손잡고 공동 대응에 나설 수 있는가의 문제다. 아무리 국제적 비난 여론이 높아도 이스라엘군과 팔레스타인 저항 세력은 상대를 향해 비인도적 무기를 사용하는 것이 현실이다. 영화와 상상에서는 인공지능과 인류가 대결하지만 현실에서 그런 일이 벌어질 가능성은 거의 없다. 인공지능과 사람이 대결하는 상황 대신 사람이 다른 사람, 특정 집단이 다른 집단과 경쟁·대결하는 상황이 먼저 벌어지기 때문이다. 그래서 미래에 초지능과 인간이 대결하는 공상과학 영화의 시나리오를 걱정하지 않아도 된다. 이는 인공지능시대의 일자리 불안과도 비슷하다. 인공지능과 사람이 일자리를 놓고 직접 대결하는 상황이 벌어질 가능성은 거의 없다.

어둠에 익숙해지기

　인공지능이 사람의 일자리를 대체할 가능성에 대해 걱정할 필요가 없다고 보는 또 다른 이유는, 직업은 기술 발전과 사회변화에 따라 지속적으로 바뀌고 사람은 그에 적응할 수 있는 존재라는 점 때문이다. 다만, 과거와 비교하면 인공지능이 등장하면서 그 변화와 적응의 속도가 빨라지고 광범해진다는 점에서 차이가 있다. 기업의 수명도 점점 단축되고 있다. 미국을 대표하는 500대 기업들의 목록인 '스탠더드 앤드 푸어스 500 S&P 500' 소속 기업들의 평균 수명은 1960년대엔 약 61년이었지만, 2010년대엔 18년으로 짧아졌고, 그 수명은 갈수록 단축되고 있다. 애플, 마이크로소프트, 엔비디아, 구글, 아마존, 메타, 테슬라 등 현재 글로벌 시장가치 10위 안에 들어 있는 기업의 70~80%가 설립된 지 얼마 안 된 정보기술 기업들이다.

　기술 변화로 인해 위협받거나 사라지는 일자리는 눈에 잘 보이지만, 반대로 신기술로 인해 새롭게 생겨나는 일자리는 거의 눈에 보이지 않는다는 점이 중요하다. 전기, 자동차, 컴퓨터가 등장할 때마다 마부와 타자수를 비롯한 수많은 직업들이 사라졌지만 신기술 덕분에 새로운 산업과 일자리, 신생 기업들이 생겨났다. 정보기술과 인공지능으로 인해 많은 일자리가 줄어들거나 사라졌지만, 과거에 없던 온라인 및 플랫폼 서비스, 앱스토어, 콘텐츠 크리에이터, 전자상거래, 빅데이터와 관련한 일자리들이 다수 만들어졌다. 인공지능과 관련해서도 마찬가지다. 인공지능에 의해 축소되고 대체될 일자리는 명확해 보이지만, 그로 인해 생겨날 새로운 직업들은 거의 드러나지 않는다. 미래를 낙관적으로 바라보며 새로운 상황을 구상하는 소수의 사람들에게 보일 따름이다. 현재와 과거는 돌아보고 확인할 수 있지만, 다가올 미래는 상상의 영역이자 미지의 세계다.

현재의 직업을 대체하면서 생겨나는 미래 일자리는 복잡도가 높다는 게 무엇보다 주목해야 할 특징이다. 단순하고 반복적인 일은 물론이고 작업 방법이 정해져 있거나 예측 가능한 일들은 결국 기계의 몫이 된다. 인공지능이나 로봇, 자동화 알고리즘이 처리할 수 없는 일은 반복적이지 않고, 매번 상황에 따라 대응 방법이 달라져 사전에 정확한 예측과 준비가 어려운 일들이다. 미래 예측과 관련한 다양한 요소 중에서 가장 예측하기 어려운 변수는 우발적이고 우연한 사고나 사건이 발생하는 상황이 아니다. 기술이나 제도가 사람들의 예상 너머로 펼쳐지는 상황도 아니다. 바로 그러한 미래 상황을 만난 사람들이 느끼는 감정과 대응 태도다. 새로운 사건과 기술이 등장하면 그에 대한 사람들의 반응이 결합해 복잡도는 더욱 커지고 예측은 더 어려워진다. 완전한 미지의 영역이다. 그래서 앞으로 대부분의 일자리는 사람들이 인공지능 도구의 도움을 받아 복잡하고 예측하기 어려운 업무를 처리하는 방향으로 바뀌게 될 전망이다.

　미군은 냉전 이후의 세계 정세를 설명하기 위해 현대 사회의 네 가지 특징을 제시했다. 그리고 그 특징을 변동성volatility, 불확실성uncertainty, 복잡성complexity, 모호성ambiguity의 머리글자를 따서 '뷰카VUCA'라고 규정했다. 오늘날 뷰카 현상은 갈수록 심해지고 있다. 인공지능과 빅데이터를 활용하는 정교한 예측 알고리즘이 개발되고 있지만 미래 예측은 점점 더 불가능에 가까워지고 있다. 우리 세계의 변동성과 불확실성이 커져가고, 우리를 둘러싼 환경이 더 복잡해지고 모호해졌기 때문이다.

　한밤중 가로등 아래서 술 취한 사람이 바닥을 보며 뭔가를 찾고 있다. 순찰하던 경찰이 무얼 잃어버렸는지 물었더니 열쇠를 잃어버렸다고 말한다. 경찰이 그와 함께 얼마 동안 샅샅이 살펴봤지만 찾지 못했다. "열쇠를 가로등 아래서 잃어버린 게 맞나요?" 경찰이 다시 물었더니 취객이 "아니오"라고 답했다. "그런데 왜 여기서 찾고 있었어요?"라고 묻자, 취객은 "여기가 제일 밝으니까!"라고 말했다는, '가로등 효과' 얘기가 있다. 시각과 기존의 경험에 깊이 의존하는 경향을 지닌 사람은 술 취한 사람처럼 자신에게 익숙한 것, 눈에 보이는 것에 과도하게 집착하고 그것을 기반으로 미래를 전망하고 결정을 내린다. 하지만 변화와 불확실성이 점점 확대되는 사회에서는 가로등 아래를 벗어나야 한다. 불확실성과 예측 불가능성이 커질 미래는 밝은 가로등 아래가 아니고 어둠의 영역이다. 갈수록 확대되는 어둠의 영역을 벗어나 살 수 있는 사람은 없다. 우리는 어둠을 피하거나 제거할 방법을 찾으려 하는 대신, 어둠에 익숙해지는 방법과 전략을 고민해야 한다. 불확실성과 복잡성이라는 어둠 속에서 길을 찾기 위해서는 먼저 캄캄한 어둠에 눈과 몸이 익숙해져야 한다.

(8)

강력한 개인이 온다

1859년, 찰스 다윈의 《종의 기원》 출간으로 적자생존을 주창한 진화론이 비로소 세상에 알려졌다. 그렇지만 고대인부터 오지의 부족에 이르기까지 다윈의 진화론을 접할 길 없던 사람들도 환경에 적응해야 살아남는다는 사실을 잘 알고 있었다. 다윈이 "살아남는 종은 가장 강한 종도, 가장 지능이 높은 종도 아니다. 변화에 적응하는 종이다"라고 말한 것처럼, 적자생존은 오래전부터 개인과 집단이 존속해온 방법이다. 사람들은 서로 다른 환경에 처했지만 저마다 고유한 적응 방법을 발달시켰고, 덕분에 생존할 수 있었다.

사람이 환경에 적응하는 방법은 상황마다 다르지만, 자신이 처한 환경을 이해하고 그 거대한 힘을 거스르기보다 이용한다는 점에서는 공통된다. 그린란드의 이누이트족, 아라

비아사막의 베두인족, 몽골 초원의 유목민 등이 모두 그렇다. 생존이 확보된 이후의 목표는 강력해지고 번성하는 것이었다. 가문이나 국가는 더 강력한 가문, 더 강한 국가를 목표로 했고, 근대 시민사회 이후 개인의 개념이 확산된 뒤엔 보통 사람들도 '강력한 개인'을 꿈꾸게 되었다. 도구를 만들고 다룰 줄 아는 '호모 파베르'라는 표현대로, 문명 이후 강력한 개인이 되는 경로는 심장과 근육을 키우고 단련시키는 것이라기보다 다양한 도구를 이용해 강력한 힘을 만들어내는 방법을 찾아내는 것이었다.

무력화된 인간 증강의 방법

강력한 개인이 되는 길은 도구와 그걸 다루는 기술을 손에 넣는 것이었고, 시대에 따라서 변해왔다. 낫과 호미, 칼과 창을 잘 다루는 능력에서 숫자와 글자를 능숙하게 다루는 방법으로 교육의 목표도 옮아갔다. 강력한 개인이 되는 방법은 시대와 상황에 따라 계속 달라져왔지만, 도구와 기술을 활용한 인간 증강의 방법이라는 점에서는 변함이 없었다. 초기 사회에서는 연장과 무기를 잘 다루는 것과 같은 직접적인 물리력 위주였지만, 사회와 문명이 고도화하면서 전문적 지식과 기술, 이념을 통해 간접적으로 물리력을 행사하는 방식이 훨씬 더 중요해졌을 뿐이다.

인류가 생존을 위해 택한 적응의 방법은 다른 동물과 달리 타고나지 않은 능력을 계발해 스스로를 보호하고 증강시키는 길이었다. 도구와 에너지 같은 외부의 물리력을 활용하는 것은 물론이고, 지식과 기술 같은 비물리적 자산과 도구를 자신의 내부에 장만해 활용하는 방법도 찾아냈다. 고대 올림픽 경기의 우승자는 육체적 힘과 기량을, 중세 시기 교회의 사제는 라틴어 성서와 신학 서적을 읽고 외우는 능력을, 조선시대 과거 급제자는 사서삼경을 읽고 한시 짓는 능력을 갈고닦아 그 시대의 강력한 개인이 되었다. 갈수록 전문 지식과 기술 같은 비물리적 도구의 힘이 커졌고, 근대 이후 학습과 교육의 주대상으로 자리 잡았다. 생존과 번영을 위해 다양한 도구를 활용하며 스스로를 끊임없이 증강시켜온 인간은, 호모 파베르로서의 정체성을 발전시키는 과정에서 교육과 훈련을 증강의 핵심 경로로 선택해왔다. 근래에 '자기계발'이라고 불리는 행위다.

강력한 개인이 되기 위한 교육과 훈련은 주로 정해진 과정을 밟아가며 스승이나 유경험자로부터 노하우를 전수받고 수련하는 길이었다. 중세 시기 예술가나 기술자가 되기 위해서는 장인의 문하에 들어가 오랜 기간 수련생과 조수로 일하며 배워야 했다. 지식인과 전문가가 되는 방법도 대학이나 직업학교에서 정해져 있는 교육·수련 과정을 이수하고 스승의 가르침을 따라야 했다. 현대로 들어서면서 거의 모든 사람이 강력한 개인이 되기 위한 마당에 뛰어들게 되었고, 이러한 경쟁과 교육 열기는 한층 치열해졌다. 물론 예술가나 사상가 중에는 정규 교육이나 전문 과정을 이수하지 않고도 세상에 없던 것을 만들어내 주위를 놀라게 하는 경우도 있었다. 하지만 그러한 탁월한 성취의 사례도 배움과 훈련 과정 없이 선천적인 재능이나 계시를 통한 것은 아니었다.

요약하자면, 사람은 유사 이래 항상 도구와 기술을 이용해 강력한 개인이 되고자 자신을 증강시켜 왔는데 그 경로는 주로 학습과 교육을 통해서였다. 강력한 개인은 선천적으로 타고나는 게 아니라 전적으로 교육과 훈련의 결과였다. 이를 위해 교본, 과정, 스승은 필수였고, 정해진 절차나 안내되는 경로를 따라가는 게 기본이었다. 나중에 스승을 능가하고 기존의 틀을 뛰어넘어 새 지평을 여는 청출어람의 사례도 있지만, 그 경우에도 출발은 정해진 경로를 따라가는 게 일반적이었다. 지금까지 생존과 번영의 경로, 강력한 개인이 되는 길은 이처럼 앞선 사람들이 만들고 다져놓은 포장도로를 따라가는 경로였다. 사회적 인정과 평가도 다양한 사례와 논리를 통해 검증된 기존의 방법과 절차가 기준이 되었다. 강력한 개인이 되고자 한다면 이미 확립된 절차와 경로를 따라가는 게 성공률이 높고 안정적인 방법이었다.

생성 AI 이후, 팔로어 전략으로는 적응 불가능

그런데 생성 인공지능의 출현 이후 완전히 틀이 바뀌었다. 살펴본 것처럼, 디지털 기술과 인공지능은 숨 가쁜 변화를 불러오며 지금까지 통용되던 경로와 절차를 송두리째 흔들고 있다. 기술 변화에 사람과 사회의 반응이 보태지면서 복잡도는 점점 높아진다.

기술과 사회는 항상 변해왔고 사람들은 그에 적응하며 생존과 번영을 이어왔다. 천재지변, 전쟁과 혁명을 겪었고 과학기술 발달과 산업 변화로 인해 직업과 생활양식은 계속 달라져왔다. 인류는 유사 이래 쉼 없이 크고 작은 변화를 겪으며 살아왔지만 지금 우리가 직면한 변화는 근본적으로 다르다. 기술과 산업, 직업의 세계에서 지금까지의 변화는 대부분의 사람들이 그 변화에 대응할 수 있는 정도의 속도였다. 산업혁명을 불러온 증기기관을 비롯해 이후의 전기, 자동차, 컴퓨터의 등장에 이르기까지 신기술은 산업 구조를 변화시키고 사람들이 일하는 방식을 바꿨다. 사람들이 처음 선택한 직업을 기술과 사회의 변화에 따라 변경해야 하는 경우가 수시로 발생했지만, 그 속도는 대부분의 사람들이 감당할 수 있는 수준이었다. 살면서 직업을 바꾸는 경우가 허다했지만, 새로 배운 기술을 활용해 어렵게 구한 직업을 1, 2년 만에 접고 겨우 몇 달간 유효할 새로운 직무기술을 다시 배워서 구직 전선에 나서야 하는 경우는 드물었다. 그런데 인공지능 기술의 빠른 발달과 그로 인한 영향은 직업 세계의 이러한 구조적 변화를 '뉴 노멀'로 만들어가고 있다.

이런 현실은 그동안 사람이 외부 변화에 대응해온 속도와 방식으로는 더 이상 적응할 수 없게 되었다는 걸 의미한다. 지금까지 남들보다 앞서서 변화를 적극 수용하며 모험과 도전을 통해 길을 열어온 사람들은 절대적으로 소수였다. 탐험가, 개척자, 선구자라고 불린 이들이었고, 산업의 영역에서는 창업가, 벤처기업가, 혁신가들이었다. 오늘날과 같은 수준의 항행 기술이 없던 대항해 시대에 미지의 영토를 발견하기 위해 망망대해로 나선 탐험가들은 자기 목숨을 걸었다. 히말라야 8000미터대 봉우리에 도전하거나 신규 루트를 개척하는 등반가들에게도 위험과 희생은 선택 사항이 아니었다. 하지만 소득과 지위가 보장된 좋은 일자리를 포기하고 불확실한 도전에 뛰어드는 창업가는 많지 않다. 극지 탐험가와 고산 등반가들만이 아니라 안전이 보장된 일상을 떠나 위험과 희생이 뻔한 도전과 모험에 나서는 이들은 언제나 소수였다. 나머지 사람들은 위험 감수자들이 온몸을 던져 만들어내는 결과를 지켜보면서 무모한 모험에 뛰어들지 않았음에 안도하거나, 용감한 도전과 성취에 찬사를 보낼 따름이었다. 개척자와 모험가들이 어둠과 안개 속에서 뚫은 길이 선명해진 뒤에야 그 경로를 따라가거나 투자할지를 판단하는 방식이었다.

마케팅과 경영 분야에서는 최초로 상품을 개발·출시하는

'퍼스트 무버First Mover'가 항상 성공하는 게 아니며, 오히려 '패스트 팔로워Fast Follower'가 더 높은 성공 확률을 보일 수 있다는 주장이 꾸준히 제기되어왔다. 혁신적 상품을 출시한 시장 개척자는 존재하지 않던 시장을 만들어 새 상품을 알리고 고객 요구를 창출하는 모험을 해야 한다. 하지만, 후발주자는 선발주자의 성과를 보면서 위험을 줄이고 개선된 제품과 전략을 통해 성공 가능성을 높일 수 있다. 국내에서도 중소기업이나 경쟁사가 혁신 제품으로 시장을 개척하면, 대기업이 뒤늦게 모방 제품과 강력한 마케팅으로 시장을 가로채는 일이 잦아 비판을 받곤 한다.

하지만 선발주자의 시장 개척 성과를 본 뒤에 선별적으로 모방하는 행동은 기업 경영만이 아니라 개인들의 업무와 일상을 포함한 다양한 영역에서 항상 일어나는 일이다. 본능적으로 안전을 추구하는 대부분의 사람은 실패 가능성이 높은 위험한 도전을 꺼린다. 오히려 위험하고 무모한 시도 대신 앞선 사례에서 성공과 효과가 입증된 방법을 배우고 따라 하는 것이 그들에겐 효율적이고 현명한 교육과 훈련의 방법일 수 있다. 이것이 지금까지 개인과 사회가 성장하고 번영해온 경로였다. 대조적으로, 위험을 무릅쓰고 도전하는 소수의 개척자와 탐험가들이 명성과 존경, 보상을 받는 배경이기도 했다. 하지만 이제는 상황이 달라졌다.

모든 사람이 개척자로 살게 된 이유

인공지능과 디지털 기술은 강력한 개인을 꿈꾸는 사람이건 그렇지 않은 사람이건 가리지 않고 모든 사람을 개척자와 최고경영자, 리더의 삶을 살도록 내몰고 있다. 그렇지 않으면 번영과 성공은커녕 생존과 안전이 보장되지 않게 되었다. 몇 가지 배경이 있다.

첫째, 모든 사람이 급변하는 미지의 세상 맨 앞줄에 서게 되었다. 일찍이 누구도 밟아보거나 탐험해본 적 없는 미개척지의 최전선이다. 그곳이 어떤 곳인지 앞서 탐험한 사람도 없고, 제대로 알려줄 경험자도 없다. 원하지 않았어도, 이제는 누구나 개척자가 되어야 살아남을 수 있는 세상이 됐다. 인공지능의 빠른 발달로 인해 다양한 영역에서 숨 가쁘게 진행되는 변화는 개척자-후발주자의 모델이 작동하지 않게 만들었다. 선구자가 모험과 도전을 통해 루트를 개척했더라도 후발주자가 배워서 따라가는 게 거의 불가능하거나 무의미해지고 있기 때문이다. 너무 빠르게 변화하고, 경쟁의 규칙과 틀 자체가 수시로 바뀌고 있다.

인공지능 기술을 접한 전문가들이 앞으로는 창의적인 직업만 살아남을 것이라고 추천했는데, 생성 인공지능이 등장하면서 문학, 그림, 음악 등을 창작하는 직무가 위협받고 있다. 앞서 언급했듯이 4차산업혁명을 대비하기 위해 정부가 코딩 교육을 의무화했더니 코파일럿 같은 자동 코딩프로그램이 등장했다. 챗GPT 시대에 똑똑하게 질문을 던지는 프롬 프트 엔지니어가 유망직업으로 부상하자, 이번엔 퍼플렉시티 같은 인공지능 검색엔진이 그 자리를 대신하는 상황이다.

2012년 이후 인공지능의 성능 향상 속도는 무어의 법칙보 다 약 일곱 배 빠른 것으로 드러났다.[78] 3~4개월마다 성능이 두 배씩 증가해 10년 동안 약 10만 배 발전했다. 이러한 인 공지능 발전 속도에 대해 젠슨 황 엔비디아 회장은 "무어의 법칙의 제곱에 가깝다"고 표현한다. 인공지능 시대에 기존의 예측 시스템과 전망이 무의미해진 것이다.

그 결과 모든 사람이 미개척지의 최전선에 서서 불확실하 고 불안정한 땅으로 발을 내디뎌야 하는 상황이 됐다. 기술 과 사회변화가 천천히 진행되던 시기에는 앞선 성공 사례를 따라하는 게 실패할 위험이 적고 효율적인 방법이었다. 교 육과 훈련 내용의 상당 부분도 앞선 사례를 배우고 모방하 는 과정이었다. 그런데 인공지능 세상에서는 과거의 성공방 법을 모방하면 오히려 실패할 위험이 커졌다. 앞서 탐험하고 지름길을 알고 있는 이가 없는, 미지의 세상이 펼쳐졌기 때 문이다. 길이 존재하지 않는 세상에서는 스스로 개척자가 되 어 앞길을 헤치면서 길을 찾아가는 게 생존의 방법이다.

둘째, 강력한 도구와 지원 인력을 거느리는 대가로 사용자 는 리더가 되었다. 이는 다양한 인공지능 에이전트와 서비스 를 만능 비서나 범용 인턴으로 활용하게 되면서 저절로 따 라오는 현상이다. 인공지능 에이전트를 활용하는 세상에서

216

는 누구나 대기업 총수처럼 전문적인 비서진의 도움을 받을 수 있다. 인턴이나 비서 역할의 인공지능 에이전트를 이용한다는 것은 사용자가 비서 역할을 하는 직원들과 함께 일해야 하는 상황과 유사하다. 인공지능 에이전트도 관리자의 지시 없이 저절로 일하지 않는다. 인공지능이 인격체는 아니지만 사용자는 서비스를 사용할 때 비서나 동료에게 하는 것처럼 구체적 업무를 지시하고 협업해야 한다. 이는 인공지능 서비스를 쓰게 되면서 누구나 최고경영자나 리더 역할을 맡아 조직을 관리하고 이끌어야 한다는 것을 의미한다.

이제껏 조직을 이끄는 리더나 최고경영자가 되려면 해당 분야에서 경험을 통해 전문성을 쌓고 성과를 통해 능력을 보여주는 게 일반적이었다. 리더가 되면 '사장', '본부장', '사령관', '팀장' 같은 직책과 호칭이 부여되고 비서진과 참모를 비롯해 휘하에는 조직과 인력이 할당된다. 사무실과 차량, 금전적 보상이 제공되고 상당한 권한이 주어지기도 한다. 조직을 이끌며 중요한 결정을 하는 리더의 지위와 권한은 어느 집단에서나 소수의 인원만 맡는 자리다. 리더의 자리와 역할은 물리적이고 가시적이어서 잘 드러난다.

그런데 인공지능 에이전트를 활용하는 새로운 리더는 전통적 리더와 중대한 차이가 있다. 전통적 리더와 달리 전용 사무실과 차량, 비서, 금전적 보상과 권한이 주어지지 않는다. 물리적이지도 않고 보이지도 않는다. 오랜 기간에 걸친 노력과 성과를 통해 경쟁을 뚫고 리더의 권한과 역할을 스스

로 얻어낸 게 아니라, 수고 없이 갑작스럽게 모두에게 주어
졌다는 것도 차이점이다. 과거 리더는 상당 기간 경험을 거
치며 준비되는 과정이 있었지만, 이제는 수련과 준비 과정을
거치지 않고 누구나 리더가 될 수 있고, 되어야 하는 환경이
다. 그러나 대부분의 사람이 인공지능 덕분에 자신이 새로운
개념의 리더가 됐다는 사실, 일종의 조직을 이끌게 되었다는
사실을 의식하지 못한다. 기술 발달로 인해 실질적으로 리더
역할을 수행하게 되었지만, 당사자가 인지하지 못하니 제대
로 대응하지 못하는 경우가 많다.

셋째, 강력한 도구를 이용함에 따라 중대한 결정을 자주
내려야 하고 그에 따른 책임을 지게 되었다. 중요하거나 높
은 지위에 있지 않은 개인도 수시로 중대한 결정을 내리며
사는 상황이 되었기 때문이다. 중대한 결정은 파급력과 영향
력이 큰 결정을 의미한다. 과거에는 높은 지위와 강한 권력
을 지닌 소수의 인원이 중대한 결정을 도맡아 내렸지만, 이
제 인공지능으로 인해 그 상황이 달라졌다. 보통 사람도 인
공지능을 이용해 얼마든지 영향력이 큰 결정과 행동을 할 수
있게 되었고, 초연결 세상에서 파급 속도와 범위는 갈수록
커지고 있다. 비록 많은 사람에게 영향을 미칠 것을 의식하
지 않은 결정이나 행동이라도, 초연결 세상에서는 그것이 예
상 밖의 큰 결과로 이어지는 일이 수시로 발생한다. 누구나
강력한 개인이 될 수 있다는 사실은 모든 사람이 그에 비례
해 무거운 책임을 지게 되었음을 뜻한다.

그런데, 많은 사람이 권리와 권한은 갖고 싶어 하지만 동전의 뒷면인 책임은 피하려 하거나 아예 고려하지 못하는 경우가 많다. 앞서 인공지능의 답변을 검증하지 않고 사용했다가 쓴맛을 본 여러 기업과 변호사들의 사례에서 드러났듯, 인공지능을 이용해 편리함을 누리는 사람이라면 그에 대한 책임에서도 자유로울 수 없다. "커다란 힘에는 커다란 책임이 따른다"는 볼테르의 말처럼, 인공지능 시대엔 누구나 커다란 힘을 행사하면서 그에 상응하는 책임을 감당해야 한다. 리더가 부여받는 특별한 권한과 보상의 대가는 책임을 지는 일이다. 법률과 판례는 지시를 받아 일을 수행한 사람보다 그에게 특정한 일을 지시하고 교사한 우두머리에게 훨씬 큰 책임을 지운다. 리더가 되기를 꺼리는 사람 중에는 다른 이들을 대표해 중요한 결정을 내리고 그에 대한 책임을 져야 하는 상황이 곤혹스러워서라고 이유를 대는 이들이 적지 않다. 누구나 인공지능을 강력하고 편리한 도구로 사용하게 되면서, 그에 따르는 책임 또한 피할 수 없는 세상이 되고 있다.

개척자에게 필요한 것

정리하면, 인공지능으로 인해 변화한 세상에서 모든 사람은 개척자와 리더로서 살아야 할 운명이다. 그 이유는 크게 세 가지다. 첫째, 세상은 일찍이 경험하지 못한 속도로 변화하고 있으며, 그 결과 누구도 앞선 사례나 경로를 따라갈 수 없게 됐다. 모든 사람이 미지의 세계 최전선에 서게 됐다. 둘째, 인공지능 비서를 쓴다는 것은 업무를 지시하고 감독해야 할 AI 동료, 부하직원들과 함께 일하는 상황을 뜻한다. 즉 누구나 조직 관리자로서의 역할과 권한을 수행하게 된다. 리더답게 총체적인 전략과 목표를 고려해야 하고 적절하게 업무를 할당해 조직을 이끌어야 한다. 셋째, 우리 모두는 강력한 도구를 사용하는 대가로 그에 상응하는 책임을 져야 한다. 과정과 결과물을 확실히 감독해야 하며, 커진 영향력에 걸맞은 무거운 책임을 감당해야 한다.

이제껏 리더와 개척자는 소수의 인재들이 담당하는 특별한 자리이자 역할이었다. 주로 그 역할을 선망하고 준비해온 사람들에게 주어지는 자리였다. 그런데 인공지능 세상은 남보다 앞에 나서기를 꿈꾸거나 준비하지 않은 사람들도 모두 개척자와 리더로 살 것을 요청하고 있다. 기업 경영이나 조직을 이끄는 일과 무관한 사람도 이제 CEO와 리더가 수행하던 일을 떠안아야 한다. 지금까지 없던 일이다. 그러한 중책을 맡은 자에겐 직무에 필요한 참모진과 권한이 주어졌지만, 이젠 개인이 스스로 이 모든 것을 수행해야 하는 상황이다. 인공지능이 생존 환경을 변화시켰을 뿐만 아니라, 모든 사람에게 새로운 환경에서 필요한 태도와 능력을 요구하는 상황이다. 생존을 위해 과거와 다른 지식과 능력이 필요해졌다. 어떠한 준비와 대응이 필요할까?

구체적으로는 지금까지 살펴본 관점과 역량들이다. 기술 발달이 불러오는 기하급수적 변화, 그에 대비하기 위한 언러닝(비움학습)과 상시 학습, 인공지능 결과물을 비판적으로 검증하고 감별하는 능력, 인공지능 서비스 및 동료와 협업하는 방법, 불확실성과 어둠에 익숙해지기 등이다. 우선 세상을 바꾸고 있는 기술을 써보면서 빠른 속도로 변화하고 있는 세상을 직접 경험해보는 게 필요하다. 챗GPT나 미드저니, 코파일럿, 퍼플렉시티 등과 같은 다양한 인공지능 서비스를 일단 무료로 가입해서 시험적으로 사용해볼 수 있다. 업무이건, 학습이건, 취미이건 그 출발점은 자신이 관심과 흥미, 어느 정도의 지식을 갖고 있는 분야가 좋다. 인공지능 서비스 사용이 자신의 실제적 경험 분야와 맞닿을 때 좀더 구체적이고 전문적인 학습으로 이어지기 쉬운 까닭이다. 하지만 최신 기술과 서비스를 익히는 일에 집착하는 것은 바람직하지 않다. 기술 발달과 경쟁으로 인해 서비스 이용 방법과 운용 기술의 문턱은 갈수록 낮아질 것이기 때문이다. 그보다는 인공지능 기술을 잘 학습하고 활용하기 위해 필요한 두 가지를 유념해야 한다. 하나는 자신이 열정을 쏟는 구체적 목표와 욕망이고, 다른 하나는 달라진 세상의 흐름을 궁금해하고 배우려는 마음이다. 다른 말로는, 꿈과 호기심이다. 두 가지 모두 각자가 관심과 애정을 쏟는 영역이어서, 일단 마음에 불씨가 옮겨붙으면 불길이 저절로 타오르기 쉽다.

인공지능 시대를 헤쳐갈 에너지, 꿈과 호기심

무엇보다 인공지능 기술은 구체적인 꿈과 욕망을 품고, 그걸 실현하려고 열망하는 사람에게 특별히 유용하고 강력한 도구다. 앞서 설명했지만, 인공지능 기술의 중요한 속성은 무엇보다 그것이 증강의 도구라는 점이다. 무에서 유를 만드는 창조의 도구가 아니라, 이미 소유하고 있는 것을 증폭하고 증강하는 도구다. 인공지능 번역 서비스가 영어 문외한을 영어 전문가로 만들어주지 않는다. 자동 코딩 프로그램이 코딩 까막눈을 1급 개발자로 만들어주지 않는다. 인공지능이 의학과 생물학을 모르는 사람을 의료인과 생물학 연구자로 일하게 해줄 수 없다. 인공지능은 자신의 분야에서 꿈꾸는 구체적 목표를 갖고 있는 사람의 역량을 수십 배, 수백 배 증강시켜줄 수 있는 지렛대일 따름이다. 아무리 강력하고 편리한 기술이 등장해도 사용자가 품고 있지 않은 동기와 목표를 부여해줄 수는 없다. 유용한 인공지능 기술을 가장 잘 배우는 사람은 해당 기술과 관련한 지식이 뛰어난 사람이라기보다 자신의 꿈을 실현하는 데 꼭 필요한 기술을 열망하는 사람이다. 생텍쥐페리가 "사람들에게 배를 만들게 하려면 광대한 바다를 그리워하게 만들어라"라고 말한 대로다. 진입 장벽이 높은 기술과 지식을 생계 도구로 삼는 것은 과거에 안전하고 효율적인 생존 방법이었다. 하지만 이는 오늘날 급변하는 기술환경에서 가장 위태로운 경로로 바뀌었다. 아무리 굳건하고 유망해 보이는 받침대를 선택해도 발을 올려놓는 순간 바로 흔들리고 움직이기 시작한다. 외부의 단단하고 인기 높은 발판에 의존할수록 빠르게 변화하는 환경에서는 위태로워진다. 외부의 변화에 덜 영향을 받는 구조를 만들어야, 지속 가능하고 안전하게 미래를 준비할 수 있다. 빠르게 변화하는 기술환경 속에서 어떻게 해야 외부의 영향을 덜 받으며 목표를 추구할 수 있을까?

망망대해를 항해하는 배가 바람과 파도를 피할 수 없다. 인공지능 시대도 항해와 비슷해, 급변하는 기술의 영향을 받지 않고 살아가는 것은 불가능하다. 배가 파도를 피할 수 없으면, 파도를 만나도 균형을 잡을 수 있도록 복원력을 키워야 한다. 오늘날 선박들이 풍랑 속에서도 안전하게 항해할 수 있는 것도 자이로스태빌라이저, 평형수 등 다양한 복원력 회복장치를 갖춘 덕분이다. 인공지능 시대에 자신의 목표를 추구하는 방법도 외부의 힘에 맞설 복원력을 키우는 데 달려 있다. 그 복원력은 바로 내면의 동기와 확고한 신념이다. 강하게 열망하는 것이 있을 때 사람은 내면에 강한 복원력을 갖춘 셈이다. 복원력을 갖춘 사람은 외부의 크고 작은 변화에 관계없이 스스로 열망하는 바를 위해 나아가고 배우는 열성적 학습자가 되기 마련이다.

호기심도 꿈 못지않은 강력한 학습 엔진이다. 꿈을 실현하기 위해 열성적으로 배우고 준비하는 이들도 있지만, 강렬한 꿈과 동기를 품지 않은 사람도 많다. 꿈이란 것이 때가 되면 저절로 생겨나는 것도 아니고 변하지 않는 것도 아니다. 하지만 특별한 꿈을 지니지 않았어도 세상을 향해 호기심을 품은 사람은 가장 뛰어난 학습자가 된다. 빠르게 변화하는 세상에서는 끝없이 새로 배우고 낡아버린 지식과 관점을 비우고 업데이트해야 하는데, 호기심은 무엇보다 강력한 학습 에너지다. 더욱이 지식과 정보가 가장 강력한 힘이 되는 정보사회에서는 호기심의 역할이 더욱 중요해졌다. 소피 폰 스툼 요크대 교수는 디지털 정보사회에서 개인의 성공을 예측하는 다양한 변수 가운데 가장 중요한 요소로 호기심을 꼽았으며[79], 엘리너 루스벨트는 "아기가 태어날 때 삼신할머니가 줄 수 있는 가장 좋은 선물은 호기심이다"라고 말했다. 과거와 비교하면, 오늘날 인공지능과 정보사회에서는 개인이 호기심을 품은 거의 모든 대상에 대해 정보와 해결 방안을 스스로 얻을 수 있게 됐다. 호기심의 차이가 삶의 격차로 이어지는 환경이다.

호기심은 환경 조성과 교육을 통해서 키울 수 있는 능력인데, 마중물이 필요하다. 당장 비효율적이고 쓸모없어 보이는 질문이나 다른 생각을 격려하는 환경과 분위기가 있어야 호기심이 활성화된다. 또한 지적 호기심은 아무것도 모르는 대상이나 영역을 향해서는 생기기 어렵다. 기존에 알고 있는 것을 바탕으로, 새로 접한 현상이 이해되거나 설명되지 않을 때 호기심이 싹튼다. 호기심 연구자들은 알고 있는 두 정보 사이에서 불일치하는 지점이 발견되는 상황이 호기심이 점화되는 순간이라고 말한다. 아이작 뉴턴이 사과가 떨어지는 모습을 보고 만유인력의 법칙을 발견한 것도 이러한 상충하는 정보가 만들어낸 호기심 덕분이다. 뉴턴은 사과가 나무에서 떨어지는 순간, 무게를 지닌 물체는 위에서 아래로 떨어지는 게 자연의 당연한 법칙이라고 생각했을 것이다. 그런데 그 순간 뉴턴의 마음속에 번개처럼 호기심이 번뜩였다. "하늘의 달과 천체들도 무게가 있는데 왜 떨어지지 않는 것인가"라는 생각이다. 바로 인지 충돌의 지점이다. "어떠한 힘이 작용하기에 지구상의 모든 물체는 아래로 떨어지는데, 하늘의 행성들은 추락하지 않고 고유의 궤도를 운동하는 것일까" 이 호기심이 바로 만유인력의 발견으로 이어진 것이다. 관련 분야에서 마중물 노릇을 할 지식과 경험이 연결될 때 비로소 지적 호기심이 원활하게 작동한다. 인공지능 서비스 학습에서도 구체적인 사용경험과 지식을 갖추고 있어야 비로소 효율적인 호기심 기반 학습이 일어나게 된다.

증강 도구로서의 AI를 활용하려면

인공지능 시대에 모든 사람이 리더와 최고경영자로 살게 되었다는 것이 글자 그대로 누구나 조직의 팀장이 되거나 기업을 경영해야 한다는 뜻은 아니다. 인공지능이 '1인 유니콘 기업'을 출현시킬 것이라는 전망에 기대어 너도나도 1인 기업 창업에 나설 것도 아니다. 급변하는 기술과 사회환경이 모방하기, 추격하기 전략을 쓸모없게 만들기 때문에 모든 사람이 선택의 여지 없이 개척자의 상황에 놓였다는 걸 인식하는 게 무엇보다 중요한 출발점이다.

범용 기술은 다양한 방식으로 활용되며 예상치 못한 변화를 부르고 사람들의 역할과 지위도 달라지게 한다. 인쇄 기술은 귀족과 학자, 사제들의 전유물이던 문해력을 모든 사람에게 선물했고, 근대적 시민의 등장으로 이어졌다. 소셜미디어는 누구나 방송 진행자와 인플루언서가 될 수 있는 마이크를 제공했다. 그래픽사용자환경이 컴맹을 컴퓨터 사용자로 만들고, 스마트폰이 만인을 모바일 콘텐츠의 생산자와 향유자로 만든 것처럼 생성 인공지능은 모든 사람이 마법과 같은 도구를 지닌 '강력한 개인'이 될 수 있는 길을 열었다.

앤드루 응을 비롯한 여러 전문가가 인공지능이 불러온 일자리 불안에 대해 인공지능은 직업 대체 수단이 아니라 역량을 강화하는 직무능력 증강 기술이라고 주장해왔다. 인공지능이 증강 도구라는 주장은 이처럼 주로 직업과 관련해 언급되어왔는데, 새로운 관점이 필요하다. 인공지능이 증강 도구로 쓰이는 영역이 일자리와 직무에 한정되지 않기 때문이다.

인공지능은 범용 기술로 활용되기 때문에 예상치 못한 사회변화로 이어지는데, 그 결과 모든 사람에게 새로운 적응 능력을 요구한다. 살펴본 것처럼, 인공지능이 다른 범용 기술과 다른 점은 크게 두 가지다. 속도와 파급 범위다. 증기동력, 전기, 자동차, 컴퓨터 등 기존의 범용 기술은 상당 기간에 걸쳐서 발달, 성숙, 보급되었다. 범용 기술을 활용한 각 영역의 다양한 응용서비스가 출현하고 일상에 영향을 끼치기까지는 자연스럽게 시간이 걸렸고, 그동안 대부분의 사람들이 변화에 적응하고 선발주자를 따라 할 수 있었다. 또한 지금까지는 범용 기술이라고 해도 기본적인 조작법을 배운 뒤라야 활용할 수 있었다. 자동차 운전과 전기공사를 하려면 면허가 필요했고 소프트웨어를 만들기 위해서는 프로그래밍 언어를 배워야 했다. 관련한 교육이나 훈련을 전혀 받지 않은 사람이 말하는 것만으로 해당 분야에서 도구를 작동시켜 큰 영향력을 만들어내는 것은 거의 불가능했다.

급변하는 인공지능 세상에서 빠른 추격자 전략은 쓸모를 잃고 있다. 기존의 범용 기술은 오랜 기간에 걸쳐서 성숙되었기 때문에 전문가 집단과 사회적 차원에서 대응방법을 만들고 이를 사회 전체 구성원들에게 제공하는 방법이 가능했다. 최초의 대량생산 자동차인 1908년 포드자동차의 T모델 시절만 해도, 자동차엔 사이드미러, 백미러, 안전벨트, 방향지시등이 없었다. 한참 뒤에야 안전장비들이 하나둘 추가됐으며 오늘날에는 잠금방지 브레이크시스템ABS, 에어백 등도 의무화됐다. 전기 장치와 컴퓨터도 초기에는 자격증을 가진 기술자들만 다루는 전문 기기였으며, 다양한 안전장치가 만들어진 뒤에야 모든 사람이 사용하는 일상의 도구가 되었다. 국가와 사회는 식품, 생활필수품, 다중이용 시설 등 모든 사람이 필수적으로 이용하는 물품과 공간에 대해서는 인허가 등 각종 안전규정과 법률을 만들고, 접근을 제한해 관리한다. 지금까지 범용 기술이나 기기는 모든 개인이 자유롭게 접근하고 활용하는 시점이 당도하기 전에 전문성과 규제 권한을 지닌 집단이 안전장치와 효율적인 사용 노하우를 만들고 관리했다. 즉, 사회와 전문가 집단이 제공하고 안내하는 절차와 방향을 신뢰하고 따라가는 게 현명하고 안전한 방법이었다.

하지만 이제는 누구나 독립적이고 주도적으로 나서서 자신만의 길을 개척하고 찾아야 하는 상황이다. 지도와 가이드 없는 미개척지에서 생존하려면 스스로 개척자가 되는 수밖에 없다. 이는 생성 인공지능 시대에 강력한 개인은 주체적으로 배우는 사람이라는 걸 의미한다. 개인이 어느 때보다 독립적이어야 하고, 주체적으로 학습과 경험에 나서야 한다는 것을 뜻한다.

인공지능 활용법 중 최고 용도는 AI 개인교사

새로운 시대의 강력한 개인은 뛰어난 재능과 풍부한 자산을 갖고 태어나는 사람이 아니라, 항상 주체적으로 학습하는 사람이다. 즉, 물고기를 보유한 사람이 아니라 물고기를 잡을 줄 아는 사람이다. 달리 말하면, 배우는 법을 배운 사람이다. 이러한 주체적 배움은 머릿속으로 생각하고 누군가의 생각에 동의한다고 저절로 만들어지는 게 아니다. 새로운 환경을 적극적으로 경험하고 학습하는 것에서 시작한다.

인공지능은 '개인 비서', '만능 인턴'으로 불리며 다양한 역할과 쓰임이 강조되고 있는데, 인공지능의 다양한 서비스 가운데 최고의 용도는 'AI 개인교사'다. 창작을 대신해주고, 투자와 자산 관리를 대신해주고, 보고서를 대신 써주는 역할도 'AI 개인교사'에 비할 바가 못 된다. AI 개인교사의 효용이 높은 이유는 인공지능이 개인별 맞춤형 교육을 통해 효과적인 학습도구로 쓰일 수 있다는 것 때문이 아니다. 또한 AI 개인교사가 어떠한 질문과 요청에도 술술 답변을 내놓는 '척척박사'이기 때문도 아니다. AI 개인교사는 인공지능을 단순히 업무 대행이나 자산 관리, 고난도 업무 위임과 같은 특정한 목적을 위한 도구로 사용하는 데 그치지 않는다. 무엇보다 AI 개인교사는 인공지능 환경에서 사용자를 '강력한 개인'으로 성장시키고, 그 역할을 수행하는 데 든든한 조력자가 된다. 이는 어떤 강이나 바다에 가더라도 그곳에서 물고기 잡는 법을 알고 있는 것에 비교할 수 있다. 또한 인공지능을 개인교사로 활용하겠다는 마음가짐은 중요한 사안을 AI 서비스나 타인에게 위임하지 않고 스스로 책임지겠다는 태도와 연결된다. 앞서 살펴본 것처럼 인공지능 세상에서는 감식안과 감리자의 역할이 중요해지는데, 그 역할 수행에서는 책임이 중요하다. 중요한 일을 분별없이 인공지능에게 위임하기보다 자신이 관리 감독하며 인공지능을 활용하는 태도가 중요하다. 그래서 AI 개인교사는 궁극의 인공지능 사용법이다. 사용자가 AI를 단순 도구로 이용하는 게 아니라, 학습 활동을 통해 자신의 능력을 고양시키는 개인 파트너로 삼기 때문이다.

그럼 AI 개인교사를 효율적으로 활용하기 위해선 어떻게 해야 할까? 구체적인 방법을 예로 들자면, 모르는 것을 만났을 때 그냥 지나치지 않고 메모하거나 그 자리에서 알아보는 습관이다. 인공지능과의 대화이건 검색의 형태이건 사소한 습관이지만, 무엇이든지 모르는 것을 만날 때마다 그 자리에서 학습하고 해결하려는 시도는 엄청난 힘을 발휘한다. 사소하지만 수시로 물어본 것들이 축적되어 더 큰 지식과 통찰로 이어지기 때문이다. 그 자리에서 검색해서 새롭게 알게 된 작은 지식은 내일의 또다른 지식과 연결되고, 이것이 5년, 10년 쌓이면 자신만의 고유한 지성과 통찰력이 된다. 처음엔 그 차이가 크지 않아도 시간이 지날수록 눈덩이처럼 그 효과가 불어나는 이런 습관을 '지식의 복리' 효과라고 말할 수 있다. 그보다 중요한 것은 배움을 일상의 루틴으로 만드는 데서 오는 관성의 힘이다. 모르는 것을 만날 때마다 그 자리에서 스스로 물어보고 해결하려는 습관은 더 복잡하고 거대한 과제를 만났을 때도 힘을 발휘하기 때문이다.

2002년 스페이스X를 설립해 발사체 회수 재사용 등 민간 우주 개발의 시대를 연 일론 머스크의 로켓 개발 사례가 대표적이다.[80] 2001년 머스크는 '화성 개발' 프로젝트를 구상하고 러시아로부터 로켓을 구매하려 했으나 협상이 결렬되자, 귀국하는 비행기 안에서 로켓 원가를 계산한 뒤 직접 만들기로 결심했다. 머스크는 로켓 개발에 대해 전혀 지식이 없던 상태에서 책과 논문, 전문가들과의 대화 등을 바탕으로 직접 로켓 공학을 체계적으로 독학했다. 그 결과, 핵심 엔지니어들과 대등하게 토론하고 로켓의 세부 설계와 혁신적 시도에 직접 참여할 수 있었다. 그가 설립한 스페이스X는 독자 로켓을 개발해 비용을 획기적으로 줄였으며, 우주산업의 혁신을 이끌고 있다. 머스크의 사례는 '모르는 것을 만날 때마다 즉시 학습하고 해결하려는 태도'가 실제로 혁신과 성과로 이어질 수 있음을 보여준다.

나는 비영어권 국가를 여행할 때 궁금한 단어를 그 자리에서 번역해 읽는 습관이 있다. 전혀 모르는 낯선 외국어로 된 안내 문구나 간판이라도 반복적으로 나타나는 단어는 지나치지 않고 구글 렌즈를 이용해 바로바로 번역해서 뜻을 파악한다. 이렇게 지내다 보면 둘째 날부터는 독일어, 이탈리아어, 헝가리어, 스웨덴어로 된 간판과 안내판을 구글 렌즈나 번역 앱 없이도 상당 부분 읽어낼 수 있게 된다. 자연히 여행이 편리하고 풍요로워진다. 사소한 습관의 복리 효과를 체험하는 경우다.

이러한 시도에 깔려 있는 마음가짐은 기본적으로 문제를 외면하지 않고 스스로 해결하려는 자세다. 주변 전문가, 지인 또는 인공지능의 도움을 받을 수 있지만, 물어보고 판단하고 책임지는 주체는 언제나 자신이다. 하나하나 물어보다 보면 길이 열린다. 모든 배움은 그렇게 시작된다. 그것이 바로 인공지능 사회에서 가장 중요한 '배우는 법을 배우는 방법'이다. 그 출발점은 생존해야 한다는 두려움이나 본능일 수도, 세상이 내 생각과 다르게 엄청난 속도로 변화하고 있다는 것을 깨닫는 자각일 수도 있다. 이를 위해서는 새로운 기술이나 서비스를 경험하는 것을 꺼리거나 두려워하지 말아야 한다.

《논어》에는 '불치하문不恥下問'이라는 공자의 가르침이 실려 있다. 자신보다 젊은 사람이나 지위가 낮은 사람에게 물어보는 것을 부끄러워하지 않는다는 말이다. 오늘날에는 그 대상에 인공지능과 최신 정보 서비스들도 포함되어야 한다.

18세기 독일의 철학자 임마누엘 칸트는 '감히 알려고 하라Sapere Aude'라는 말로, 인간이 이성을 어떻게 활용해야 하는지를 제시했다. 칸트는 개인이 교회·국가·전문가 같은 외부 권위에 의존해 스스로 판단하지 못하는 상태를 '미성숙 상태'라고 보았다. 그가 강조한 '사페레 아우데'는 이를 벗어나, 스스로 배움과 탐구의 주체가 되어야 한다는 의미다.

칸트가 강조한 '감히 알려고 하라'라는 메시지는 인공지능 시대에 그 의미가 더욱 소중해졌다. 디지털 세상은 엄청난 정보가 쏟아지는 무한 정보 환경이며 그중 상당수는 AI와 챗봇에 의해 만들어졌으며, 그 비중은 갈수록 커져간다. 생성 AI는 어떠한 질문이든 그럴듯한 답을 제공하고, 알고리즘은 이용자가 거부하기 어려운 콘텐츠를 끊임없이 추천한다. 갈수록 정보가 넘쳐나고 변화가 빨라지며 우리가 해결해야 할 과제는 복잡하고 어려워진다. AI 서비스는 이러한 난감한 상황을 헤쳐나갈 수 있는 편리하고 강력한 도구로서 우리 앞에 나타났다. 그 결과 점점 더 AI 서비스에 의존하게 되고, AI 이용의 주체가 되기보다 AI에 권한과 책임을 위임하는 사람이 늘어나고 있다. 편리하지만 위험하다. 칸트가 말한 '미성숙 상태'가 AI 환경에서 확산될 수 있기 때문이다.

칸트의 '감히 알려고 하라'라는 메시지는 인공지능 시대의 생존 방법을 알려준다. 인공지능을 무조건적으로 의존하는 게 아니라, 더 나은 배움과 도전을 위한 도구로 사용해야 한다는 의미다. 이는 '모르는 것 바로 검색하기'라는 작은 습관에서부터 인공지능 이용의 결과물이 얼마나 믿을 만한 것인지를 비판적으로 살펴보는 사고 습관까지 포함한다. 이런 습관을 만들기 위해서는 칸트가 말하는 것처럼 '감히 알려고 하는 용기'가 필요하다. 인공지능에 무조건 의존하는 게 아니라 스스로가 주체가 되어 비판적으로 활용하고 그에 대한 책임을 져야 하기 때문이다.

주

1 이정모, "[이정모의 자연사 이야기] '절대 바늘' 발명 덕에 지금까지 생존한 호모 사피엔스", 〈중앙일보〉, 2014. 12. 7.

2 안데르스 에릭슨·로버트 풀 지음, 강혜정 옮김, 《1만 시간의 재발견》, 비즈니스북스, 2016.

3 Bill Gates, "The Age of AI has begun", Gates Notes, 2023. 3. 22.

4 구본권, "알파고, 사만다처럼 진화⋯이세돌 5번 모두 다른 상대와 싸운다", 〈한겨레〉, 2016. 2. 28.

5 The AI Index 2019 Annual Report, Stanford University Human-centered Artifitial Intelligence, 2019.

6 아짐 아자르 지음, 장진영 옮김, 《2040 위대한 격차의 시작》, 청림출판, 2024.

7 살림 이스마일, 마이클 말론, 유리 반 헤이스트 지음, 이지연 옮김, 《기하급수 시대가 온다》, 청림출판, 2016.

8 Rani Molla, "How Apple's iPhone changed the world: 10 years in 10 charts", Vox, 2017. 6. 27.

9 Bartlett, A., "Forgotten Fundamentals of the Energy Crisis", *American Journal of Physics*, 46(9), 876, 1978.

10 Nathaniel Bullard, "The Energy Revolution That Started in 1954 Is Reaching Its Crescendo", Bloomberg Green, 2020. 4. 23.

11 '아마라의 법칙Roy Amara's Law'으로 불리는데, 빌 게이츠가《미래로 가는 길》(1995) 등 자신의 저서와 강연에서 자주 언급해 빌 게이츠의 발언으로 통용된다.

12 William A. Wagenaar and Sabato D. Sagaria, "Misperception of Exponential Growth", *Perception & Psychophysics*, 18(6), 1975. 11.

13 행크 데이비스 지음, 김소희 옮김, 《양복을 입은 원시인》, 지와사랑,

2010.

14 앤서니 기든스 지음, 황명주·정희태·권진현 옮김,《사회구성론》, 간디서원, 2012.

15 구본권, "도전받는 '해커정신'…인간은 '실패 통한 학습' 대상 아냐", 〈한겨레〉, 2018. 2. 19.

16 Daniel M. Wegner, *White Bears and Other Unwanted Thoughts: Suppression, Obsession, and the Psychology of Mental Control*, Penguin Press, 1989.

17 Alan C., Kay, "Predicting The Future", 20th annual meeting of Stanford Computer Forum, 1989.

18 배리 오라일리 지음, 박영준 옮김,《언러닝》, 위즈덤하우스, 2023.

19 Jim Giles, "Special Report Internet encyclopaedias go head to head", *Nature*, 2005. 12.

20 이대희, "《사피엔스》 저자 '학교 교육 80~90%, 쓸모없다'", 〈프레시안〉, 2016. 4. 16.

21 정치인들이 국제평화에 기여한 공로로 노벨평화상을 받을 때, 또는 노벨평화상 수상 이후 정치 환경, 국제 정세가 달라져서 논란이 된 경우는 몇 차례 있다.

22 최재봉, "노벨문학상에 소설가 한강…한국 작가 최초 수상 '쾌거'", 〈한겨레〉, 2024. 10. 11.

23 Ellen Mattson, "Behind the scenes of the Nobel Prize in Literature", NobelPrize.org, 2025. 5.

24 한지우, 오삼일, 〈AI와 노동시장 변화〉, BOK 이슈노트(제2023-30호), 한국은행, 2023. 11. 16.

25 송단비 외, 〈AI시대 본격화에 대비한 산업인력양성 과제〉, 이슈페이퍼, 산업연구원, 2024. 3. 13.

26 박정연, "7년 전 나온 'AI 의사 대체론'…생각만큼 도입 더딘 이유는", 〈동아사이언스〉, 2023. 10. 26.

27 Steve Lohr, "AI Was Coming for Radiologists' Jobs. So Far, They're Just More Efficient", *The New York Times*, 2025. 5. 14.

28 Leonard Lyons, "Personal Glimpses", *Reader's Digest*, Vol. 74, 1959. 5.

29 Harold Schonberg, "Jascha Heifetz Is Dead at 86; A Virtuoso Since Childhood", *The NewYork Times*, 1987. 12. 12.

30 톰 니콜스 지음, 정혜윤 옮김, 《전문가와 강적들》, 오르마, 2017.

31 기영노, "놀라운 기본기, 더 놀라운 체력", 〈한겨레21〉, 2002. 6. 27.

32 Chip Cutter, "AI Is Coming for the Consultants. Inside McKinsey, 'This Is Existential.'", *The Wall Street Journal*, 2025. 8. 2.

33 이호준, "AI에 밥그릇 뺏길줄 알았는데…통번역 업계 오히려 더 호황", 〈매일경제〉, 2025. 5. 26.

34 Erik Brynjolfsson, Danielle Li, and Lindsey R. Raymond, "Generative AI at Work," NBER Working Paper 31161(2023).

35 Serra Utkum lkiz, "10 designers and their impressive Midjourney works you should know", *Architecture and Technology*, 2022. 10. 22.

36 김태규, "조영남 그림 대작 사건, 대법원 무죄 확정", 〈한겨레〉, 2020. 6. 25.

37 Divyanshi Sharma, "The internet has more AI-generated content today than human-created and this could mean trouble", *Business Insider*, 2024. 9. 4.

38 Kevin Kelly, "The Universal Intern and Partner: How Generative AI is Changing How we Work", 2023SXSW, 2023. 5. 12.

39 장현은, "1분 만에 의견서 초안 완성…법조계 판 흔드는 '법률 AI'", 〈한겨레〉, 2024. 9. 13.

40 "AI를 활용한 인재개발 전략", 딜로이트, 2025. 7. 2.

41 "제너레이션 조사 결과: 신입 근로자 사이에서 AI 활용 활발, 업무 효율성 및 만족도 향상", 〈지디넷코리아〉, 2025. 8. 20.

42 조재용, "'챗봇 할인 안내, 항공사 책임' 결정에…에어캐나다, 차액 보상", 〈연합뉴스〉, 2024. 2. 16.

43 Anna Bahney, "Zillow to exit its home buying business, cut

25% of staff", CNN Business, 2021. 11. 2.

44 스튜어트 파이어스타인 지음, 장호연 옮김,《이그노런스》, 뮤진트리, 2017.

45 Chase Peterson-Withorn, "Forbes' 39th Annual World's Billionaires List: More Than 3,000 Worth $16 Trillion", *Forbes*, 2025. 4. 1.

46 Paolo Confino, "Could AI create a one-person unicorn? Sam Altman thinks so—and Silicon Valley sees the technology 'waiting for us'", *Fortune*, 2024. 2. 4.

47 Sabrina Ortiz, "First $1B business with one human employee will happen in 2026, says Anthropic CEO", ZDNet, 2025. 5. 23.

48 Saritha Rai, "AI Will Cut Cost of Animated Films by 90%, Jeff Katzenberg Says", Bloomberg, 2023. 11. 9.

49 어환희, "나도 '지브리풍' 해볼래…챗GPT 5억명 돌파, 1시간 100만 명 가입", 〈중앙일보〉, 2025. 4. 3.

50 이선 몰릭 지음, 신동숙 옮김,《듀얼 브레인》, 상상스퀘어, 2025.

51 보도자료 '2024년 1인 창조기업 실태조사 결과 발표', 중소벤처기업부, 2025. 3. 15.

52 Gustaf Lundberg Toresson, "Will AI Agents Open The Door To Single-Person Unicorn Creators?", *Forbes*, 2024. 11. 28.

53 Paul Sawers, "AI agents could birth the first one-person unicorn-but at what societal cost?", *TechCrunch*, 2025. 2. 1.

54 〈유퀴즈 온 더 블록〉 제249회, tvN, 2024. 6. 19.

55 이혜운, "하루 거래 5000조…세계 금융시장 흔드는 '알고리즘 매매'", 〈조선일보〉, 2024. 8. 22.

56 Dan Milmo, "AI will affect 40% of jobs and probably worsen inequality, says IMF head", *The Guardian*, 2024. 1. 15.

57 H., Bakhshi, J., Downing, M., Osborne, P., Schneider, "The Future of skills: Employment in 2030", Nesta, 2017. 9. 27.

58 한요셉, 정책연구 보고서 〈인공지능으로 인한 노동시장의 변화와

정책방향〉, 한국개발연구원, 2023. 12. 30.

59 한지우·오삼일, BOK 이슈노트 〈AI와 노동시장 변화〉, 한국은행, 2023. 11. 16.

60 김기성, "OECD 교육수장, 아동 코딩교육에 '찬물'…'곧 구식, 시간 낭비'", 〈연합뉴스〉, 2019. 2. 22.

61 "AI Developer Workflows: 1M+ Devs Now Using GitHub Copilot", *Enterprise AI Today*, 2024. 11. 19.

62 Jack Kelly, "AI Writes Over 25% Of Code At Google—What Does The Future Look Like For Software Engineers?", *Forbes*, 2024. 11. 1.

63 Sarah Kessler, "Should You Still Learn to Code in an A.I. World?", *The New York Times*, 2024. 11. 24.

64 권순우, [뉴노멀-실리콘밸리] "연봉 3억원 일자리의 소멸", 〈한겨레〉, 2025. 5. 12.

65 구본권, "유발 하라리 '인공지능 사람인 척 상호작용하지 못하게 해야'", 〈한겨레〉, 2024. 10. 16.

66 Chip Cutter, "AI Is Coming for the Consultants. Inside McKinsey, 'This Is Existential.'", *The Wall Street Journal*, 2025. 8. 2.

67 Kayla Zhu, "Charted: The Decline of U.S. Software Developer Jobs", *Visual Capitalist*, 2025. 3. 14.

68 최민지, "AI가 사람 내몰기 시작…더 살벌해진 실리콘밸리 '해고' 칼바람", 〈경향신문〉, 2025. 5. 18.

69 Podo, "AI시대 IT종사자들의 운명은?", 브런치스토리, 2025. 3. 29.

70 신승윤, 윤보성, 진회승, [이슈리포트] "SW 개발자 채용시장의 변화와 생성형 AI의 영향", 소프트웨어정책연구소, 2025. 1. 7.

71 이 약식재판에 반발해 이현세 작가는 정식재판을 청구했으나 2000년 1심 법원에서 약식재판과 같은 유죄판결을 받았다. 이 씨는 항소해 2001년 2심 재판부에서 무죄판결을 받았다. 검찰은 이에 불복해 상고했으나, 2003년 대법원에서 무죄가 확정됐다.

72 정순민, [스페셜 리포트] "K웹툰은 어떻게 글로벌시장을 장악했나",

〈파이낸셜뉴스〉, 2024. 9. 22.

73 이주영, "AI로 유한한 생명에 통쾌한 복수…사후에도 내 캐릭터는 계속 탄생할 것", 〈AI타임스〉, 2023. 12. 1.

74 Andrew Ng, "How Artificial Intelligence Is Changing Work", The Wall Street Journal Podcast, 2024. 2. 21.

75 야마구치 슈 지음, 김윤경 옮김, 《뉴타입의 시대》, 인플루엔셜, 2020.

76 닉 보스트롬 지음, 조성진 옮김, 《슈퍼인텔리전스》, 까치, 2017.

77 길윤형, "AI가 인간 살상 결정?…유엔, '치명적 무기시스템' 대응 결의", 〈한겨레〉, 2023. 12. 24.

78 Liam Akiba Wright, "AI growth outpaces Moore's Law, soaring beyond traditional limits", *CryptoSlate*, 2025. 3. 11.

79 이언 레슬리 지음, 김승진 옮김, 《큐리어스》, 을유문화사, 2014.

80 Richard Feloni, "How Elon Musk Taught Himself Rocket Science", *Business Insider*, 2014. 9. 15.

AI LITERACY